Politische Machtspiele – Schlachtfeld oder Chance

T0195040

© Hans-Jürgen Gaugl

Hans-Jürgen Gaugl ist Jurist und akademisch ausgebildeter Mediator und Konfliktberater. Er hat sich nebenberuflich auch als Unternehmensberater und Kommunalpolitiker verdient gemacht. Für ihn steht der Mensch als zu befähigendes und wertzuschätzendes Individuum stets im Vordergrund. Der Autor hat bereits das Sachbuch „Der Tiger und die Schwiegermutter; Schlachtfeld oder Chance" (ISBN 978-3642389931) sowie das Essential „Mediation als Kurskorrektur für unsere Demokratie" (ISBN 978-3-658-07642-9) veröffentlicht. Weblinks des Autors: www.lassunsreden.at, www.facebook.com/konfliktenergie.

Hans-Jürgen Gaugl

Politische Machtspiele – Schlachtfeld oder Chance

Braucht unsere Demokratie
Mediation?

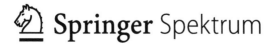

Hans-Jürgen Gaugl
Schönbühel an der Donau,
Österreich

ISBN 978-3-662-45420-6   ISBN 978-3-662-45421-3 (eBook)
DOI 10.1007/978-3-662-45421-3

Die Deutsche Nationalbibliothek verzeichnet diese Publikation in der Deutschen Nationalbibliografie; detaillierte bibliografische Daten sind im Internet über http://dnb.d-nb.de abrufbar.

Springer Spektrum
© Springer-Verlag Berlin Heidelberg 2015

Das Werk einschließlich aller seiner Teile ist urheberrechtlich geschützt. Jede Verwertung, die nicht ausdrücklich vom Urheberrechtsgesetz zugelassen ist, bedarf der vorherigen Zustimmung des Verlags. Das gilt insbesondere für Vervielfältigungen, Bearbeitungen, Übersetzungen, Mikroverfilmungen und die Einspeicherung und Verarbeitung in elektronischen Systemen.

Die Wiedergabe von Gebrauchsnamen, Handelsnamen, Warenbezeichnungen usw. in diesem Werk berechtigt auch ohne besondere Kennzeichnung nicht zu der Annahme, dass solche Namen im Sinne der Warenzeichen- und Markenschutz-Gesetzgebung als frei zu betrachten wären und daher von jedermann benutzt werden dürften.

Planung und Lektorat: Marion Krämer, Stella Schmoll
Redaktion: Christine Hoffmeister

Gedruckt auf säurefreiem und chlorfrei gebleichtem Papier

Springer Spektrum ist eine Marke von Springer DE. Springer DE ist Teil der Fachverlagsgruppe Springer Science+Business Media
www.springer-spektrum.de

Vorwort

© Parlamentsdirektion / WILKE

Sehr geehrte Damen und Herren,

die jüngste, von den Marktforschern des GfK-Instituts erstellte, Umfrage zum Vertrauen der Bevölkerung in die verschiedensten Berufsgruppen zeichnet ein düsteres Bild für die Politiker. Während die Skala im Jahr 2014 weiterhin von Feuerwehrleuten (94 % Vertrauen), Krankenschwestern/-pflegern (93 %) und Apothekern (90 %) sowie Ärzten (89 %) angeführt wird, gehören Politiker in Österreich mit großem Abstand erneut zu der unbeliebtesten Berufsgruppe: Nur 20 % der befragten Personen sprechen Politikern ihr Vertrauen aus. In Anbetracht dieser Tatsache und der gleichzeitig steigenden *„Politikverdrossenheit"*, verbunden mit der zunehmenden Hinterfragung der Legitimität politischer Interessensvertreter und Institutionen, stellt sich die sowohl berechtigte als auch interessante Frage, ob unserer Demokratie eine Art Konfliktmanagement gut tun würde. Das vorliegende Werk von Mag. Hans-Jürgen Gaugl versucht, genau diese Frage zu beantworten und bietet einen interessanten Ansatz in der Analyse und Lösung von Konflikten in unserem politischen System.

Bei der spannenden Lektüre wünsche ich Ihnen viel Vergnügen!

Wien, August 2014
Karlheinz Kopf
Zweiter Präsident des Nationalrates

Vorwort des Autors

Die Ausgestaltung des Miteinanders von uns Menschen hat mich schon immer interessiert. Dabei bin ich immer wieder auf die Frage gestoßen, weshalb wir eigentlich dazu neigen, uns bei der Erreichung jener Sachen selbst scheinbar im Weg zu stehen, die uns ansonsten so wichtig sind: Immer wieder tappen wir in selbst gestellte Fallen und stellen uns danach die Frage, wofür denn von uns gesetzte Aktionen eigentlich gut waren. Oder wir befinden uns kopfschüttelnd in einer Situation, die von Widersprüchen zu der von uns gesehenen Wahrheit nur so strotzt, ohne dass es andere einsehen wollen.

In meinem Studium der Beratungswissenschaften und dem Management sozialer Systeme mit Studienschwerpunkt auf Mediation und Konfliktregelung konnte ich für mich sehr viele Antworten finden beziehungsweise auch die Toleranz entwickeln, Fragen manchmal auch einfach stehen zu lassen und darin einen Mehrwert zu erkennen. Ich habe dabei Freude, meine im Laufe der Weiterbildung geschärfte Haltung dafür einzusetzen, auch meinen Mitmenschen zu helfen, sich aus der Fremdbestimmung einer unkontrolliert eskalierenden Konfliktsituation zu befreien.

Mein Quellberuf als mit der Rechtsordnung und der juristischen Seite des Funktionierens von Demokratie vertrauter Jurist und meine Affinität zur Politik – einige Jahre durfte ich in leitenden Funktionen in der Kommunalpolitik einer österreichischen Stadtgemeinde mitwirken – haben mich dazu veranlasst, meine Forschungen über Möglichkeiten des konstruktiven Umganges mit Konflikten und die damit geschaffene Möglichkeit, daraus wertvolle Energie zur Erreichung eigener Ziele zu gewinnen, auf das politische Geschehen auszuweiten. Wenn ich als eingetragener Mediator Menschen helfen kann, etwa die Begegnung mit der Schwiegermutter (Gaugl 2013) konstruktiv zu erleben, weshalb soll dies nicht auch für unsere Demokratie gelten, welche von vielen bereits als Auslaufmodell gesehen wird (vgl. etwa Crouch 2008 oder Ortner 2010). Ich wünsche mir, dass mein vorliegender Beitrag auf fruchtbaren Boden fällt und der eine oder andere Gedanke daraus aufgegriffen wird, um unsere Demokratie weiterzuentwickeln. Um auch Sie, liebe Leserin und lieber Leser, dazu zu ermutigen, einen eigenen Beitrag in diese Richtung zu setzen, werden am Schluss aller Kapitel dieses Buches, soweit darin theoretische Zusammenhänge dargestellt werden, Fragen gestellt, mit denen ich dazu anregen möchte, die Möglichkeiten jedes Einzelnen und jeder Einzelnen aufzuzeigen. Gesellschaft sind immerhin wir alle – also haben auch wir alle deren Weiterentwicklung in der Hand.

Bei dieser Gelegenheit sei natürlich auch nicht darauf verzichtet, jenen Dank auszusprechen, welche mich bis hierher begleitet haben, allen voran meiner Familie, aus welcher ich meine Frau Stefanie Gaugl namentlich hervorheben möchte, sowie meiner wissenschaftlichen

Betreuerin Frau Dr.[in] Gerda Mehta, von der ich viel Mut zugesprochen erhalten habe. Auch meinem Verlag, allen voran Frau Marion Krämer, Frau Stella Schmoll, Herrn Harald Heugl und Frau Surabhi Sharma, gilt mein Dank: für die viele Arbeit, die zwischen der Fertigstellung des Manuskriptes und dem Buch, das Sie, liebe Leserin und lieber Leser, jetzt in Händen halten, liegt und dafür, mich immer wieder dazu angehalten zu haben, Formulierungen zu finden, welche nicht nur spannend zu lesen sind, sondern auch meinem Bestreben gerecht werden, die Leserinnen und Leser dazu zu animieren, die Weiterentwicklung unserer Demokratie mit in die Hand zu nehmen.

Inhalt

1
Einleitung: Braucht unsere Demokratie Mediation?

„Demokratie ist, wenn zwei Wölfe und ein Schaf entscheiden, was es zum Essen gibt.", soll Thomas Jefferson gesagt haben. Klingt nicht unbedingt vielversprechend, dieses Gleichnis, das dem dritten Präsidenten der Vereinigten Staaten, der immerhin auch der hauptsächliche Verfasser der amerikanischen Unabhängigkeitserklärung war, zugeschrieben wird. Es lässt eher ein ziemlich blutrünstiges Schauspiel erwarten als eine Regierungsform, in welcher ein friedliches Miteinander geschaffen und erhalten werden soll. Vor allem, wenn wir uns Gedanken machen dazu, welche Rolle in diesem Bild wohl unsere sein könnte: Wer um alles in der Welt ist dabei das Schaf? Die Gesellschaft, weil ihre Bedürfnisse globalen Interessen, die keiner so recht zu durchschauen vermag, geopfert werden? Oder doch jene von uns, welche sich in politische Funktionen wählen lassen, weil an ihnen kein gutes Haar gelassen wird und sich ständig Menschen finden, die auf sie hinbeissen? Vielleicht ist aber das Schaf in diesem Sinnbild ohnehin nur ein dritter Wolf, der sich in Schafspelz hüllt und es somit um ein gleichberechtigtes Gespräch über Pläne zur Essensbeschaffung geht.

Bei allen Regierungsformen geht es in erster Linie darum, einen Rahmen zu finden, innerhalb dessen ein Land sich bewegen und entwickeln kann. Und mit ihm beziehungsweise in ihm alle Einwohnerinnen und Einwohner. Wie beispielsweise Kurt: ein ganz gewöhnlicher und in seinen Augen genügsamer Mensch. Er will nichts Besonderes. Er will einfach nur, dass er seine Träume von einem glücklichen Familienleben in einem schönen Haus im Grünen verwirklichen kann. Dass er dabei entsprechend vom Staat Sicherheit und Unterstützung erhält, wenn es Probleme gibt, die er selbst nicht mehr lösen kann. Wenn er seinen Job verliert, möchte er etwa nicht auch gleich um Haus und Lebensunterhalt bangen müssen. Eine ordentliche Pension möchte er einmal bekommen, dass seine Kinder gut ausgebildet werden, dass er sich keine Sorgen um finanzielle Belastungen machen muss, wenn er sich einmal das Bein bricht, dass die Straßen in gutem Zustand sind, der Müll regelmäßig abgeholt wird, Strom aus der Steckdose und trinkbares Wasser aus der Leitung kommt und dass er sich sein Leben, wie er es sich vorstellt, leisten kann. Also, wie gesagt, Kurt ist genügsam. Und bereit, fleißig zu arbeiten, das heißt, seinen Beitrag dazu zu leisten, dass er sein Glück findet und auch erhält.

Wie unser Kurt sind wir es dabei gewohnt, dass es zu diesem Zweck in allen Regierungsformen Regeln gibt, die zu beachten sind. Wobei es zu bedenken gilt, dass diese Vorgaben für mehr als bloß zwei Wölfe und ein Schaf Gültigkeit besitzen können müssen, was die Sache schon etwas schwieriger macht. Denn wir wissen: Kein Wolf, und auch kein Mensch, gleicht dem anderen. Spannende Fragen dazu sind in weiterer Folge natürlich: Wer darf diese Regeln aufstellen, und wie weit darf dabei in die Freiheit des einzelnen Individuums eingegriffen werden? Hier beginnen die verschiedenen Regierungsformen interessant zu werden, denn auf diese Fragen finden sie unterschiedliche Antworten. In Europa hat sich dabei die Demokratie durchgesetzt. So schreibt die Verfassung demokratischer Rechtsordnungen wie jener Deutschlands (Artikel 20 Absatz 2 GG) und Österreichs (Artikel 1 B-VG) vor, dass das Recht vom Volk ausgehe und dabei von jedem Einzelnen beziehungsweise jeder Einzelnen in Wahlen und Abstimmungen ausgeübt werde. Was aber nicht heißt, dass damit alle Probleme automatisch gelöst wurden – im Gegenteil: Schlägt man heute die Zeitung auf, so kann man leicht den Eindruck erhalten, dass mehr denn je Streit über Themen vorherrscht, welche uns alle betreffen. Streit, zu dem offenbar die Lösungen fehlen, die wir brauchen, um an unserem eigenen Glück arbeiten zu können. Woran liegt das? Das Recht geht doch vom Volk aus, weshalb schafft es das Volk daher nicht, seine Probleme so zu lösen, dass es damit zufrieden ist?

Dazu fällt Kurt unwillkürlich der Witz ein, den er jüngst am Stammtisch gehört hat, als wieder einmal über die gewählten Volksvertreterinnen und Volksvertreter diskutiert wurde: „Was ist der Unterschied zwischen einem Theater und dem Bundestag? – Nun, im Theater werden gute Schauspieler schlecht bezahlt!". Nach einem kurzen Gelächter ist dabei dann die Grundsatzdiskussion entbrannt, die Kurt eigentlich bei jedem Urnengang beschäftigt: Wozu eigentlich wählen gehen, und was wählt man da überhaupt? Eine Person, der man vertraut, sich für das einzusetzen, was einem wichtig ist? Oder eine Partei, deren Parteistatut man möglicherweise noch nie ganz gelesen hat oder auch gar nicht so ganz versteht, weil es viel zu schwammig geschrieben ist? Oder ist es vielleicht ohnehin eh egal, weil die gewählten Personen, die man oft gar nicht einmal alle kennt, sowieso machen, was sie selbst für richtig halten oder ihnen unter dem Stichwort Fraktionszwang angeschafft wird?

Schaut man sich die Entwicklung der Wahlbeteiligung etwa in Österreich an, so erkennt man, dass Kurt mit seinen Gedanken nicht allein ist. Der Grad der Beteiligung des vermeintlichen Souveräns Volk an der Bestimmung der Zusammensetzung des Parlaments nimmt stetig ab: Gab es bis zu den Nationalratswahlen 1956 in Österreich noch durchwegs eine Wahlbeteiligung von rund 95 % und mehr, so ist dieser Anteil kontinuierlich gesunken und hat 2013 den vorläufigen Tiefststand von nur noch 74,91 % erreicht. Mehr als 1 von 4 Wahlberechtigten hat darauf verzichtet, der legislativen und exekutiven Kraft der österreichischen Demokratie seine Legitimation kraft Stimmabgabe zu erteilen! Betrachtet man die Daten zu den Wahlen zum Europäischen Parlament, so zeigt sich mit einer auf lediglich rund 40 % gesunkenen Wahlbeteiligung ein noch dramatischeres Bild: Nicht einmal jeder Zweite hat davon Gebrauch gemacht, zu wählen. Da stellt sich dann irgendwann wirklich die Frage, ob das Recht noch vom Volk ausgeht, wenn die Personen, die Gesetze beschließen und das Land regieren, von immer weniger Menschen dazu einen Auftrag, ein Mandat, erhalten.

Nicht nur Kurt, auch die Wissenschaft hat sich dazu bereits Gedanken gemacht und sehr klare Worte gefunden. „Jeder Deutsche hat die Freiheit, Gesetzen zu gehorchen, denen er niemals zugestimmt hat; er darf die Erhabenheit des Grundgesetzes bewundern, dessen Geltung er nie legitimiert hat; er ist frei, Politikern zu huldigen, die kein Bürger je gewählt hat, und sie üppig zu versorgen – mit seinen Steuergeldern, über deren Verwendung er niemals befragt wurde. Insgesamt sind Staat und Politik in einem Zustand, von dem nur noch Berufsoptimisten oder Heuchler behaupten können, er sei aus dem Willen der Bürger hervorgegangen." (Arnim 2001, S. 19) Dieses Zitat stammt nicht von irgendwem. Es ist dies der Befund einer Person, der in der deutschen Öffentlichkeit viel Raum gegeben wird, ihre Expertise auf die im politischen Alltag in Deutschland sich zutragenden Ereignisse umzulegen. Das erschreckt. Vor allem scheint es nicht einmal so überzogen formuliert zu sein, wie man zunächst glauben mag: Politik ist zunehmend als Streitthema in Medien und an Stammtischen wahrzunehmen, und gleichzeitig sinken die Wahlbeteiligung und das Vertrauen in die Politikerinnen und Politiker. Kurt wie auch die Wissenschaft stellen eine Diagnose für unsere Demokratie auf, welche zu einer raschen Therapie ruft, möchte man einen Kollaps vermeiden.

In vorliegendem Werk werden als Grundlage für eine mögliche Weiterentwicklung unserer Regierungsform die bestehenden Wechselwirkungen zwischen Politik und Gesellschaft, aber auch die Qualität der Interaktionsstrukturen am Beispiel des österreichischen Nationalrats als oberstes nationales Gesetzgebungsorgan aus der Perspektive des Konfliktmanagements untersucht. Die Einnahme dieses Blickwinkels auf das Anzeichen der Politikverdrossenheit durch Entzug der Mitwirkung an der Legitimation zur politischen Ausgestaltung unserer Demokratie bietet sich an, da diese Symptome an in den wissenschaftlichen Konflikttheorien angestellte Überlegungen zum Konfliktverhalten der Menschen erinnern. Einerseits kann darin eine Flucht aus jener Rolle der Bürgerin beziehungsweise des Bürgers gesehen werden, welcher die Bundesverfassung die Aufgabe zuspricht, einen Großteil des Rechts zur Ausgestaltung des gesellschaftlichen Rahmens im Wege der Gesetzgebung und der Umsetzung der Rechtsordnung an Repräsentantinnen und Repräsentanten – die Abgeordneten – zu übertragen. Dieses Konfliktlösungsmuster wird in den Sozialwissenschaften zwar als das stärkste angesehen, zugleich aber nicht nur gemessen an der Zivilisationsentwicklung primitivste, sondern auch durch seine Nähe zur Aggression gefährlichste und einen Lernprozess verhindernde. Andererseits findet man in den Konflikttheorien die Beschreibung des Typus eines kalten Konfliktes, welcher Ähnlichkeit zum Verhalten einer zunehmenden Abstinenz von der Wahlentscheidung aufweist. Das solchermaßen beschriebene Bemühen einer Verschleierung des Konfliktes mündet in eine zunehmende Lähmung der nach außen hin sichtbaren Handlungen; es findet nur eine indirekte Auseinandersetzung mit den Konfliktthemen bei auffallendem Destruktivismus nach innen und außen statt.

So viel steht also fest: Es muss etwas geschehen, will man unsere Demokratie wieder stärken und so die damit verbundenen Früchte der Sicherheit, der Gerechtigkeit, der Freiheit und des Friedens genießen. Doch wie? Die folgenden Kapitel dienen der systematischen Suche nach einer Antwort auf die Frage, ob Mediation unserer Demokratie helfen kann bei einer konstruktiven Weiterentwicklung ihrer selbst zwecks Erlangung einer wiedererstarkenden Legitimation zu einer der Gesellschaft einen friedenssichernden Rahmen gebenden Staatsform. Um dieser Spur folgen zu können, bedarf es zunächst einer analytischen Abklärung der Bedeutung von Konflikten für Gesellschaft und Politik. Dabei werden wir Anleihe nehmen bei verschiedensten Disziplinen: Kommunikationswissenschaften, Soziologie und Politikwissenschaften stellen hier die wichtigsten Säulen dar. Ausgehend von den soziologischen Entwicklungen in der Politik in seinen Wechselwirkungen zum Individuum über die verschiedenen Konfliktfelder ist dabei die Frage zu beleuchten, wo die Berührungspunkte zwischen Individuum, Gesellschaft und Politik liegen und welche wechselbezüglichen Abhängigkeiten in ihrer Entfaltung bestehen.

Braucht Kurt die Demokratie für sein Glück – und braucht die Demokratie ihn? Welche Rollen treffen im demokratischen Zusammenspiel aufeinander und haben dabei Einflussmöglichkeiten auf den weiteren Verlauf der Konfliktaustragung? Welche Interessen verfolgen die Akteurinnen und Akteure, die die Rolle der Abgeordneten bekleiden, und welche Bedeutung spielen die von ihnen gelebten Kommunikationsmuster für die weitere Entwicklung? Besteht tatsächlich ein Legitimitätsproblem der Politik, und ist der Wechselbezug aus der Balance geraten? Unter welchen Prämissen kann Demokratie überhaupt funktionieren als Wachstumsmotor für Individuum und Gesellschaft? Bei der gemeinsamen Suche nach Antworten auf diese Fragen werden wir, liebe Leserin und lieber Leser, auch überlegen, ob es Parallelen in der im Idealfall bestehenden Haltung eines in der Politik aktiven Menschen und einer Mediatorin beziehungsweise eines Mediators gibt. Immerhin sind Demokratie und Konflikt untrennbar miteinander verbunden. Und der positive, für alle Seiten gewinnbringende Umgang ist eine der Stärken der Mediation, womit angenommen werden kann, dass es auch in der Demokratie zahlreiche Betätigungsfelder für Mediation oder zumindest mediative Grundhaltungen gibt. Mit einem Mehrwert für Individuum, Gesellschaft und Demokratie, den wir uns genau anschauen werden.

Neben einer theoretischen Erörterung unter Berücksichtigung von Hypothesen aus der einschlägigen Literatur kommt auch der Praxisbezug in diesem Buch nicht zu kurz: Zur leichteren Nachvollziehbarkeit der Überlegungen wird als Anschauungsbeispiel neben den Alltagserlebnissen der Bürgerinnen und Bürger mit den Produkten demokratischen Wirkens in Form von Berichten über politische Auseinandersetzungen bis hin zur Durchsetzung von demokratisch zustande gekommenen Gesetzen der Hauptteil einer beispielhaft gewählten Sondersitzung des österreichischen Nationalrates beleuchtet. Dabei wird der Schauplatz des Symboles der Demokratie, nämlich das Parlament, exemplarisch für das Funktionieren europäischer Demokratien dargestellt und analysiert. Der Fokus wird hier nicht nur auf die beobachtbaren Interaktionen gelegt, sondern auch auf die Bedeutung des räumlichen Settings im Parlamentsgebäude und die Wirkung von in der Geschäftsordnung aufgestellten Schranken. Für ein abgerundetes Bild zu diesen Beobachtungen im parlamentarischen Prozess fließen auch die Ergebnisse einer Befragung der Abgeordneten des österreichischen Nationalrates zu deren Selbstverständnis hinsichtlich der Aushandlung von gesellschaftlichen Interessen während einer Plenarsitzung des Nationalrates in diese Bestandsaufnahme mit ein. Die Ergebnisse werden in weiterer Folge dem Wirken einer Großgruppenmediation zu auch in der Öffentlichkeit sehr umstrittenen Fragestellungen am Beispiel „Stuttgart 21" gegenübergestellt und auf Gemeinsamkeiten und Unterschiede hin beleuchtet.

Dem Autor ist es dabei wichtig, von vornherein klarzustellen, dass es keinesfalls Ziel des gegenständlichen Buches ist, Schuldige an der Entwicklung auszumachen oder parteipolitische Unterschiede im Zugang zur Problemstellung aufzuzeigen. Das haben schon andere vor mir gemacht, ohne dass die daraus gewonnenen Erkenntnisse viel geändert hätten. Vielmehr soll, in Anlehnung an die von Weymann beschriebenen Idealtypen von Theorien sozialen Wandels, eine verstärkte Fokussierung auf die derzeit in der Gesellschaft vorhandenen Interessen und Bedürfnisse unterstützt werden.

Auf Grundlage der theoretischen und praxisorientierten Überprüfung der aktuellen Verfasstheit unserer Demokratie bietet das vorliegende Buch somit Anknüpfungspunkte für Mediation als Weiterentwicklungshilfe für unsere Demokratie. Es wird aufgezeigt, welchen Mehrwert Mediation – als Haltung, Methode oder Sammlung mediativer Elemente – auch in diesen für unsere Gesellschaft so wichtigen Bereich bringen kann. Damit betritt der Autor Neuland: Erstaunlicherweise hat sich der Frage, inwieweit unsere Demokratie Mediation brauchen kann, in dieser Dimension noch niemand genähert, obwohl Mediation sich bereits in zahlreichen Lebensbereichen als hilfreiches Instrument zur positiven Transformation aussichtslos erscheinender Konflikte bewährt. So gibt es zwar bereits zahlreiche Abhandlungen über die enge Verknüpfung zwischen Konflikt und Demokratie im Allgemeinen, und es wurden auch bereits zahlreiche Modelle zur Konflikttransformation im politischen Kontext (zum Beispiel von Habermas oder Galtung) entwickelt. Auch wurden in Teilbereichen des partizipatorischen Bereiches der Selbstbestimmung (Bürgerinitiativen, Bürgerbeteiligungsverfahren wie etwa im Zusammenhang mit Flughafen- oder Bahnhofsbau) mediative Elemente schon in ersten Schritten mehr oder weniger erfolgreich ausgetestet und eingesetzt. Das Geschehen in den Gesetzgebungsorganen als unmittelbarer Ausfluss der Demokratie blieb dabei, abgesehen von rudimentären Studien zur systemischen Wirkung der Ausgestaltung der Räumlichkeiten, in welchen Verhandlungen der Parlamente stattfinden, und der Auseinandersetzung mit der Symbolik in diesem Feld, allerdings ausgespart. Bislang sucht man vergeblich in der wissenschaftlichen Literatur nach Überlegungen der Nutzung von Mediation im parlamentarischen Aushandlungsprozess. Die Ergebnisse des vorliegenden Buches, das auf einer gleichlautenden Studie des Autors aufbaut, dienen damit erstmals als mögliche Grundlage für weitere Überlegungen, inwieweit Mediation einen Mehrwert für die Demokratie bei ihrem Bestreben der heraklit'schen ständigen Weiterentwicklung – „alles fließt" – bieten kann.

2

Demokratie, wie wir sie erleben und wie sie wirkt

Alles Praktische muss auf Theorie oder Glaube begründet sein.

(Friedrich Max Müller-Oxford)

Ein ganz normaler Alltag

Kurt nimmt einen weiteren Schluck von seinem Kaffee und blättert durch die Tageszeitung. Die Politikseiten sind wieder einmal voll von Widersprüchen. Da jubeln die einen über eine Rekordbeschäftigung, während die anderen Schuldige für die hohe Arbeitslosigkeit suchen; da zeigen sich einige erfreut über die wieder sinkende Inflation, während die anderen sich fragen, wie denn bitte die Inflationsrate bemessen wird, wenn der tägliche Einkauf im Supermarkt unentwegt spürbar teurer wird. Da führen einige die wieder einmal auf einem Rekordtief angekommenen Zahlen an Verkehrstoten auf die getroffenen Maßnahmen zurück, während ein paar

Seiten später im Chronikteil der Tageszeitung schreckliche Fotos eines Unfalls auf der Autobahn nur wenige Kilometer von Kurts Zuhause entfernt zu sehen sind. Was kann man denn nun glauben? Und in der Politik streiten sie wieder einmal: eigentlich eh schon normal. Worum geht's denn diesmal – ach, eigentlich eh egal. Kurt möchte an seinen Blutdruck denken. Wieso wird da eigentlich ständig gestritten, statt einmal die Dinge beim Namen zu benennen und endlich Maßnahmen zu setzen? Und über welche Themen da gestritten wird! Da, schon wieder ein Artikel über dieses Binnen-I. So lächerlich ein Großbuchstabe mitten im Wort aussieht, so überflüssig ist für Kurt auch die ganze dazugehörende Diskussion. Kein Mensch käme auf die Idee, den Einkauf von Äpfeln und Erdäpfeln als die Beschaffung von ErdÄpfeln abzukürzen; weshalb will man das dann unbedingt bei Männern und Frauen machen, diese gewaltsame sprachliche Verkürzung? So viel Zeit wird man doch auch noch haben, dass sie reicht, um Männer und Frauen voll ausgesprochen anzusprechen, wenn man Menschen beiderlei Geschlechts meint. Einen Tag nur sollten sie ihn an die Macht lassen – alles würde er ändern. Vor allem endlich einmal für Gerechtigkeit sorgen. Wieso dürfen etwa die ganzen ausländischen Fahrzeuge die Autobahn verstopfen – die kosten ihn Jahre seines Lebens. Aber zahlen darf man ständig mehr fürs Autofahren: Auf die gute alte Währung rechnet Kurt den Preis, den er jetzt für einen Liter an der Tankstelle bezahlt, gar nicht mehr um. Wie soll sich das noch jemand leisten können – und trotzdem kommen da ständig neue Ideen, wo man den Autofahrerinnen und Autofahrern noch mehr Geld abknöpfen kann. Wie etwa diese Mautidee. Damit würde er gleich Schluss machen, denn wie sollen denn die Leute in die Arbeit kommen, wenn sie es sich nicht mehr leisten können? Und eine Steuerreform gehört her, denn das kann doch nicht sein, dass für alles und jedes Steuer zu bezahlen ist: Verdienst du was, zahlst du so viel, dass von einer Gehaltserhöhung kaum was übrig bleibt, gehst du einkaufen, zahlst du wieder. Da sind sie sich ja alle einig, dass etwa die Abgabenquote gesenkt gehört. Das sagen sie aber nun schon seit Jahren. Doch gespürt hat Kurt davon nichts – im Gegenteil: Es wird immer schwieriger, die Raten fürs Haus, die Rechnungen, die Einkäufe und die Anschaffungen für die Kinder zu bezahlen. Manchmal fragt sich Kurt, ob es nicht sinnvoller wäre, sich arbeitslos zu melden: Denn da hat er doch von einer Familie gehört, der durch die ganzen Sozialleistungen im Monat mehr übrig bleibt als ihm, obwohl sie eh nur den ganzen Tag zu Hause sind und das herrliche Wetter genießen können, während er in der Arbeit schwitzt.

Kurt ist gedankenverloren bei der Wetterprognose für die nächste Woche angekommen und seufzt. Für nächste Woche sind also wieder Unwetter angesagt. Na, hoffentlich geht dann nicht wieder eine Mure ab. So wie letztes Jahr, als dann die Straße wieder ein Woche gesperrt war. Gemacht haben sie ja nichts – dabei haben sie doch versprochen, entsprechende Schutzmaßnahmen zu bauen. Eh wieder typisch: Da versprechen sie ständig, aber beim Umsetzen hapert es wieder. Kein Geld – was machen die eigentlich mit meinem Geld?

So wie Kurt geht es vielen Menschen. Viele von uns beginnen den Tag mit einer Recherche zu den Informationen, die uns wichtig erscheinen: In der Tageszeitung überfliegen wir kurz Politik, Chronik und Sportteil, um dann bei den Überschriften, die uns spannend erscheinen, ein wenig länger zu verweilen. Immer mehr bedienen dazu ein Tablet oder wischen zum Umblättern über den Bildschirm ihres Smartphones. Ein kurzer Blick noch aufs Wetter, ein letzter Schluck Kaffee und dann ab ins Geschehen: Die Kinder müssen zur Schule gebracht werden und dann ab in die Arbeit. Im Laufe des Tages werden wir unzählige Male, weit öfter, als uns bewusst ist, mit Produkten der Politik konfrontiert. Gesetze und Verordnungen, die in den Gemeinderäten, den Landtagen und im Parlament von den von uns gewählten Politikerinnen und Politikern verabschiedet wurden, stellen Regeln zu nahezu allen Handlungen auf, die wir setzen: Geschwindigkeitsbeschränkungen, Halteverbote, Steuerpflichten, Rauchverbote, Schneeräumpflichten, zeitliche Rasenmähverbote, …. Ja selbst vor so intimen Bereichen wie dem Familienleben wird nicht Halt gemacht mit Bestimmungen über die Ehe oder das Verhältnis zwischen Eltern und Kindern etwa.

Solange die politische Diskussion, die wir aus der Tageszeitung zu kennen glauben, Themen betrifft, die uns nur auf einer globalen Ebene zu betreffen scheinen – etwa unsere abstrakte Haltung zur Asylpolitik, zum Klimaschutz, zur Finanzierbarkeit des Pensionssystems oder der Krankenversicherung – solange ist der als einziger gemeinsamer Nenner empfundene Streit der Vertreterinnen und Vertreter der verschiedenen politischen Lager etwas, das zwar Gesprächsstoff für Wirtshausrunden und Diskussionsforen im Internet bietet, aber eigentlich nicht mehr weiter stört. Mit zunehmender eigener Betroffenheit, begonnen beim Strafmandat fürs Falschparken über die Unterhaltszahlungen, zu denen man vom Gericht nach der Scheidung verdonnert wurde oder der vorgeschriebenen Steuernachzahlung bis hin zur gestrichenen Arbeitslosenunterstützung, beginnt allerdings genau diese politische Kultur des Austausches verhärteter Standpunkte, ein Ohnmachtsgefühl in den einzelnen Individuen auszulösen. Weshalb muss man eigentlich all diese Eingriffe hinnehmen, wenn sie ohnehin über den eigenen Kopf hinweg beschlossen werden? Vertreten eigentlich die Politikerinnen und Politiker uns noch, oder machen sie nach den Wahlen ohnehin alle nur das, was sie für richtig halten, statt sich damit zu beschäftigen, was wir wirklich brauchen? Wieso lassen wir uns unser Leben eigentlich so beschränken, wer gibt das Recht dazu?

Vorschläge für weiterführende persönliche Gedanken

* *Wie geht es Ihnen, wenn Sie die Zeitung lesen?*
* *Gab es in letzter Zeit eine Nachrichtenmeldung, die Sie persönlich geärgert hat?*
* *Welche Möglichkeiten haben Sie, für gerechte Lösungen einzutreten?*

Gesetze: Regeln von uns für uns – oder doch eine Einschränkung unserer Freiheit?

Viele Menschen empfinden wie Kurt. Es wird uns scheinbar von oben herab verordnet, was gut für uns ist, woran wir uns zu halten haben in der Ausgestaltung unseres Lebens. Dabei stellen sich viele spätestens dann, wenn sie mit dem Gesetz in wahrgenommene Berührung kommen und es als Hindernis bei der eigenen Lebensführung erleben, die Frage, ob es denn erstens all diese Gesetze braucht und wie zweitens diese Regeln eigentlich zustande kommen beziehungsweise wie man sich gegen sie wehren kann, soweit man sie als störend empfindet. Wer gibt eigentlich dieser nicht wirklich greifbaren Institution Staat das Recht, in das Leben Einzelner einzugreifen? Was brauchen wir vom Staat, beziehungsweise wie viel Staat braucht das Individuum?

Der Umstand, dass es Spielregeln braucht, wo mehrere Menschen zusammenwirken, wird hier noch am ehesten einleuchten. Aus der Alltagserfahrung wissen wir, dass es oftmals nicht nur sinnvoll und hilfreich, sondern einfach unverzichtbar ist, sich möglichst früh auf einige Eckpunkte zu einigen. Nehmen wir einfach als Beispiel dafür ein Brettspiel: Wenn nicht bereits zu Beginn des Spiels eine Einigung auf Spielregeln erfolgt, so wird es rasch zu Konflikten kommen, die das Spielvergnügen stören und die Erreichung des Spielziels behindern. Erst wenn klar ist, in welcher Reihenfolge die Mitspielerinnen und Mitspieler zum Zug kommen und unter Einsatz welcher als zulässig erklärten Mittel das Spielziel, auf welches man sich geeinigt hat, erreicht werden darf, kann ein reibungsloses Miteinander funktionieren. An diesem Exempel ist darüber hinaus sehr gut erkennbar, dass es hier viele unterschiedliche Möglichkeiten gibt: die Anarchie, in der keinerlei Regeln gelten, das Diktat, in dem die in der beigepackten Spielanleitung festgelegten Regeln strikt eingehalten werden oder die demokratische Annäherung, bei der die Mitspielerinnen und Mitspieler sich selbst die Rahmenbedingungen stecken innerhalb der mit dem Spielmaterial vorgegebenen Möglichkeiten.

Ähnlich verhält es sich in anderen, überschaubaren Systemen, denen wir in unserem Alltag angehören: Unternehmen geben sich eine Corporate Identity, Parteien verschreiben sich ihren Parteiprogrammen, Vereine geben sich eine Satzung, Religionen vereint in ihren Geboten eine gemeinsame Anschauung, Familien und Freundeskreise geben sich einen meist ungeschriebenen Kodex. Ähnlich der Rechtsordnung werden hier ebenfalls Regeln geschaffen, die aus supraindividuellen Werten abgeleitet und zur Verhaltensanordnung für die Einzelne und den Einzelnen erhoben werden. Auch hier ist zumeist ein Sanktionsmechanismus vorgesehen, um das solchermaßen angestrebte Ziel nicht zu gefährden, auch hier wird innerhalb des Systems als Preis für die Zugehörigkeit die scheinbare Einschränkung der Freizügigkeit des Individuums gesehen – je nach Regelfindungsprozess zwischen Diktatur und Demokratie mit mehr oder weniger Mitgestaltungsmöglichkeiten.

Eine Begleiterscheinung der modernen Gesellschaft ist auch auf Ebene des Staates ein sehr komplexes Normensystem. Noch im Mittelalter, also wenige Jahrhunderte vor unserer Zeit, hat man es über weite Bereiche als ausreichend gesehen, sich auf den kategorischen Imperativ gegenüber Kirche und Herrscher beziehungsweise Herrscherin zu verlassen und in der Rechtsprechung die Zeichen Gottes zu deuten. Das klingt nach Freiheit, bedeutete aber auch sehr viel Ohnmacht der Menschen gegenüber dem Herrscher beziehungsweise der Herrscherin. So wurde etwa ein Gerichtsprozess nicht nach den heute in hunderten Paragrafen im Detail festgelegten Regeln, welche die Rechte wahren helfen, abgehalten, sondern es wurde unter der Dorflinde mit wundersam anmutenden Beweismittelverfahren Recht gesprochen: War zum Beispiel nicht klar, wer eines Vergehens schuldig war, so mussten sich die in Verdacht stehenden Personen mit zur Seite weggestreckten Armen in einem Kreis aufstellen; wer als Erster die Arme absenkte, den hat, so war die Überzeugung, Gott höchstpersönlich als Täter enttarnt, indem er ihm die Kraft entzogen hat. Heute in unserer Demokratie unvorstellbar.

In der heutigen Zeit ist also an die Stelle absolutistischer Willkür eines Herrschers oder einer Herrscherin in der Festlegung von Regeln des Zusammenlebens im westeuropäischen Rechtssystem ein klar erkennbarer Drang dazu gekommen, alle Lebenslagen im Detail in Vorschriften zu gießen und damit klare Schranken zu setzen, deren Nichtbeachtung zu definierten Sanktionen führt. In einer wahren Flut an Regeln und Gesetzen werden so ursprünglich aus Werten direkt abgeleitete Verhaltensanordnungen in Gesetzen festgeschrieben und damit der Autonomie der einzelnen Individuen in der Gesellschaft entzogen. Was dabei „richtig" ist, wird also in Recht gegossen. Das Recht geht dabei in unserer Demokratie vom Volk aus – so ist der Leitsatz in einer Demokratie. Damit ist der Anspruch daran zum Ausdruck gebracht, dass Recht dem Wertebild einer Gesellschaft zu entsprechen hat und von ihr selbst ausgestaltet wird.

Für die Frage, wer eigentlich dieser nicht wirklich greifbaren Institution Staat das Recht gibt, in das Leben Einzelner einzugreifen, bedeutet dies daher zumindest vom theoretischen Ansatz her, dass wir selbst dies sind. Wir selbst geben der von uns in der Gesamtheit der Gesellschaft gebildeten Institution Staat das Recht, die von uns selbst direkt oder zumindest indirekt in demokratischen Prozessen ausverhandelten Regeln durchzusetzen. Damit bestimmen wir auch selbst, wo die Grenzen zwischen originärer Freiheit und durch Regeln geschaffener Freiheit bei der Selbstverwirklichung verlaufen.

Was wir dann ja auch individuell nachbessern in Räumen, für die wir diese Regeln nicht anwendbar halten: In einer Weiterentwicklung unserer Normenorientiertheit, der wir uns unterwerfen, entwickeln wir immer dann eine Re-Individualisierung, wenn uns die eigenen Interessen nicht ausreichend berücksichtigt erscheinen und keine Verletzung der Interessen anderer Individuen für uns ersichtlich ist. Es bilden sich solchermaßen Subsysteme und individuelle Reorganisationen des Ordnungssystems, dem man sich verschrieben hat: Die sogenannten Axiome der Logik werden schlagend. Demnach muss alles, was im Rahmen einer Norm vorgegeben wird, eindeutig sein sowie widerspruchsfrei im Verhältnis zu anderen Normen beziehungsweise in einem klaren Stufenbau ober- und untergeordnet und schließlich das Fortbestehen mit einem zureichenden Grund rechtfertigen. Verglichen mit dem Verbot, eine Straße bei Rot zu überqueren, kann das etwa bedeuten, das ein Subsystem innerhalb der normenorientierten Gruppe der Verkehrsteilnehmerinnen und Verkehrsteilnehmer es als Bestandteil der Verhaltensanordnung betrachtet, dass ein Überqueren der Straße in jenen Fällen, in denen kein Fahrzeug nah genug ist, um ein Hindernis darzustellen, auch bei rotem Ampelsignal zulässig sein muss, da die Norm in diesem konkreten Einzelfall nicht anwendbar erscheint vom Normzweck her. Dies kann eine Erkenntnis der Gruppe sein, wie es etwa im kanonischen Recht als Epikie sogar in das Normensystem selbst Eingang gefunden hat als generelles Prinzip, es kann aber auch eine individuelle Leistung sein, welche allerdings nicht schützt vor Komplikationen mit den Systemzugehörigen etwa in Person des Verkehrspolizisten.

Und obwohl wir selbst es also in der Demokratie in vielerlei Hinsicht in der Hand haben, unsere Rahmenbedingungen auszugestalten, fühlt es sich praktisch anders an. Woran liegt das? Liegt es an unserem Umgang mit Konflikten und unserer Scheu, sich diesen zu stellen im Bemühen um eigenverantwortliche Lösungsfindungen für uns selbst, aber auch im Kontext der Gesellschaft?

Vorschläge für weiterführende persönliche Gedanken:

* *Welche Gesetze helfen Ihnen, Ihre Vorstellungen von Gerechtigkeit umzusetzen?*
* *Gibt es Bereiche, in denen Sie sich gerechtere Bestimmungen wünschen?*
* *Sehen Sie trotz aller Gesetze ausreichend Freiheit, Ihr Leben nach Ihren Vorstellungen zu führen?*
* *Welche Möglichkeiten haben Sie, Änderungen zu bewirken?*

Individuum – Gesellschaft – Politik: ein laufender Entwicklungsprozess im untrennbaren Wechselbezug

Das Verständnis des Menschen zu seinem Selbstwert hat sich im Laufe der Zeit stark verändert. Lange Zeit standen Brauchtum, Sitte und Religion stark im Vordergrund und konstruierten damit im sozialen Gefüge traditionale Funktionsweisen, in denen der tiefere Sinn des individuellen eigenen Seins zurückgestellt wurde hinter das Erfordernis wertrationalen Handelns. Wert wird dabei als die Vorstellung einer Verpflichtung, die Ursache einer Handlung wird, verstanden. Mit Eintritt in die Moderne bekannten sich Mann und Frau zum Bestehen eigener höchstpersönlicher Bedürfnisse, welche es in Wechselbezug zu anderen Individuen zu bringen galt und gilt. Der moderne Mensch scheint meist keine Vorstellung mehr darüber haben zu können, welch enormen Einfluss Religion auf die Ausgestaltung des Lebens des Einzelnen wie auch der Gesellschaft hatte. An die Stelle der die Scholastik prägenden Verbindung zu einer übergeordneten Macht, Gott, in allen Lebenslagen trat nun das von der Überzeugung von der Möglichkeit zur eigenverantwortlichen rationalen Bewältigung aller sozialen Probleme getragene Interesse an den horizontalen Verbindungen zu den Mitmenschen. Statt eines Souveräns, dem als aller Handlung übergeordneter Repräsentant lebensordnender Werte gleich einem Normensystem unantastbare Macht zugeschrieben worden war, bedurfte es damit nunmehr aber auch einer neuen Legitimation für die Setzung eines der Gemeinschaft Sicherheit spendenden Rahmens in Form eines Mindestmaßes an Ordnung. Das Ordnungssystem ist dabei nicht mehr Ausfluss einer übergeordneten Gewalt. Es kommt diesem nunmehr vielmehr die komplexere Aufgabe zu, Rahmenbedingungen zu garantieren, innerhalb derer es jedem Individuum möglich ist, das eigene Wachstum zu verfolgen.

Beispiel:

Noch vor hundert Jahren war es unvorstellbar, dass eine Frau sich scheiden lässt. Es wurde als gottgewollt hingenommen, dass die Frau dem Mann zu dienen hat. Nur wenige Ausnahmen sind den Geschichtsbüchern zu entnehmen wie etwa die von Katharina Elisabeth Freifrau von Galler, bekannt als die Schlossherrin der Riegersburg in der Oststeiermark, 1669 eingereichte Scheidung von ihrem dritten Ehemann, welche sie in langwieriger Auseinandersetzung mit dem Hof und der Kirche mit 37 Gründen zu begründen hatte. Heute ist es selbstverständlich auch Frauen möglich, die Scheidung zu begehren, und die Rechtsordnung gibt hier einen sicheren Rahmen für eine gerechte Absicherung ihrer Rechte.

Mit diesem Schritt in die emanzipierte Individualität hat der Mensch aber keinesfalls verzichtet auf religiöse Dogmen als Kontext eigenen Handelns. Vielmehr hat er diesen einen individualisierten Aspekt neben individuell entwickelten Ritualen und Mustern als Bestandteil des höchstpersönlichen Sinnes im Dasein hinzugefügt, der in Konflikt tritt zu den abstrakten Werten auf vertikaler Ebene und den persönlichen Werten anderer Individuen auf horizontaler Ebene: Der Mensch muss für sich persönlich eine Vereinbarkeit persönlicher Vorstellungen mit jenen seiner religiösen Überzeugung herstellen und sich auch dem Umstand stellen, dass er nicht mehr selbstverständlich davon ausgehen darf, dass auch andere Menschen seine Wertevorstellungen teilen. Das gesellschaftliche Gefüge war mit steigender Individualität somit reziprok nicht mehr getragen von übergeordneten Instanzen, welche eo ipso über Macht verfügen. Als Folge der ständigen Wechselwirkungen individueller Interessen und Bedürfnisse in verschiedenen Dimensionen wie beispielsweise Geschlecht, Familienabstammung, Geografie, Ethnie und Kultur bedarf es allerdings eines Rahmens der ständigen Aushandlung einer Vergesellschaftung, der nun nicht mehr selbstverständlich gegeben, aber für das ununterbrochene Ringen um eine Balance auf vertikaler Ebene zum Zweck der Gewährleistung ständigen Wachstums in individueller und kollektiver Hinsicht durch Auseinandersetzung mit dem „anderen" zwingend erforderlich ist. Simmel (1992, S. 13) spricht davon, dass man mit dem „Fremden" nur gewisse allgemeinere Qualitäten gemein hat und eine Tendenz einer Vergesellschaftung über den Weg der Auflehnung gegen das Allgemeine über die Verbundenheit in der Gleichheit von spezifischen Differenzen besteht. Es steht hier die Aufgabe im Vordergrund, ein politisches Organisationsprinzip zu schaffen, in dem der Gesellschaft gerade durch die Vielfalt Stabilität gegeben wird.

Die Moderne ist damit auch die Geburtsstunde der modernen Demokratie, welche auf erste Entwicklungen in der Antike zurückgreift. Das Recht geht vom Volk aus – so ist der in den meisten Demokratien zum Ausdruck gebrachte Leitsatz dieser modernen Staatsform mit seiner andauernden Entwicklung aus den Wurzeln der attischen Polis über die ideengeschichtlichen Wurzeln bei Locke (madisonische Demokratie) und Rousseau (populistische Demokratie) bis hin zu den verschiedensten Ausprägungen in der plebiszitären Komponente in der Gegenwart. Damit ist der rechtsphilosophische Anspruch zum Ausdruck gebracht, dass Recht dem Wertebild einer Gesellschaft zu entsprechen hat: Es werden Schutzzwecke als unverrückbar und unverhandelbar zu Leitprinzipien erhoben, in der Rechtsordnung solchermaßen verdeutlicht, dass sie in Verfassungsrang erhoben werden mit der Intention, ein leichtfertiges Abgehen davon zu verhindern; erhöhte Präsenz- und Abstimmungsquoren, bei Staatsfundamentalnormen sogar in verpflichtender

Kombination mit dem verbindlichen Ergebnis einer Volksabstimmung, sollen dafür garantieren.

Durch den beschriebenen Prozess der Individualisierung entwickelt sich die Gesellschaft also zunehmend inhomogener, woraus Konflikte in den verschiedenen Dimensionen erwachsen:

Es sind dies zunächst Konflikte auf der Ebene der Auseinandersetzung des Individuums mit seinem Umfeld hinsichtlich der Ausgestaltung und ständigen Weiterentwicklung des höchstpersönlich erkannten Sinnes des Daseins: Jeder Mensch wünscht, von den anderen nicht nur die Freiheit zugestanden zu erhalten, das Leben nach eigenen Vorstellungen des Glücks einrichten zu können, er begehrt darüber hinaus auch Unterstützung und Wertschätzung dafür. Unser Kurt zum Beispiel hat eine große Geschäftsidee. Die Verwirklichung wird ihm viel Ausdauer und Engagement abverlangen. Dafür erwartet er etwa von seiner Familie, dass sie ihm vorübergehend alle Arbeit in Haus und Garten abnimmt, damit er den Kopf frei hat für sein Vorhaben. Außerdem wird er in seinem Job etwas kürzer treten müssen in der Zeit der Vorbereitung seines neuen Vorhabens, weshalb er hier auch finanziell auf die Unterstützung in seiner Familie hofft. Was er dabei überhaupt nicht brauchen kann, ist ein Anzweifeln seines Planes mit Argumenten, hinter denen er nicht erkennen kann, wozu diese dienen sollen, außer, dass ihm die Umsetzung seines Vorhabens erschwert und dabei die Freiheit genommen, ja sogar ein Stück weit die Freude geraubt wird. Vielmehr erwartet er von seinem Umfeld Unterstützung und Anerkennung für seinen Mut.

Auf der Ebene der Wechselwirkung vergesellschafteter Interessen mit dem Individuum beginnen die Konflikte schon etwas abstrakter zu werden. Hier gilt es nämlich nicht mehr, in der direkten Auseinandersetzung mit dem Verursacher beziehungsweise der Verursacherin empfundener Einschränkungen im persönlichen Wollen, Empfinden und Tun eine Klärung zu suchen. Vielmehr tritt an die Stelle dieses greifbaren Gegenübers eine abstrakte Regel, welche von der Gesellschaft im Wege der formal beschlossenen oder auch ungeschriebenen Ordnung aufgestellt wurde. Plakativ gesprochen: Steuerhinterziehung ist etwa von der Gesellschaft nicht geduldet, da damit die Finanzierung der infrastrukturellen Rahmenbedingungen und von sozial erwünschten Lenkeffekten des Steuersystems wie etwa einer Familienförderung als vergesellschaftete Interessen gefährdet würde, während aber persönliche Interessen der Steuerpflichtigen durch die Abführung der Abgaben durchaus behindert werden.

Schließlich treten auch die Konflikte auf Ebene des Machtzuspruches an die Politik auf. Es gilt dabei abzuklären, wem und innerhalb welcher Grenzen die Kompetenz zur Schaffung und Erhaltung beziehungsweise Weiterentwicklung des Rahmens zugesprochen wird, der für die Entfaltungs- und damit Wachstumsmöglichkeit sowohl für das Individuum als auch für die Gesellschaft erforderlich ist. Innerhalb dieses Rahmens gilt es, Präventivmaßnahmen zu setzen gegen Bedrohungen der Interessenerfüllung der Individuen wie auch der Gesellschaft und damit das Gefühl von Sicherheit zu vermitteln, dessen es für das Wachstum bedarf. Ein Beispiel kann hier in der Sicherung des Pensionssystems erkannt werden: Die staatliche Versorgung in einem Umlagesystem wurde von der Politik nach dem zweiten Weltkrieg mit der Zielsetzung eingeführt, all jenen Menschen, die tatkräftig mitgeholfen haben, das Land wieder aufzubauen und die durch die Kriegsereignisse kaum die Möglichkeit hatten, für das eigene Alter finanziell vorzusorgen, zu danken und Sicherheit für das Alter zu geben. Damit wurde der Gesellschaft ein von dieser nicht nur benötigter, sondern auch von ihr getragener und somit zur Einführung ermächtigter, friedenspendender Rahmen zur Unterstützung von Wirtschaftswachstum gespendet. Zugleich wurde den klar zum Ausdruck gebrachten Interessen der Individuen mit Wertschätzung Rechnung getragen in einem Schritt der Solidarität der Berufstätigen im Wege des sogenannten Generationenvertrages. Wie die Einführung, so ist es auch die auf geänderte demografische Entwicklungen Bezug nehmende präventive Anpassung dieses Systems, welche in die Kompetenz der Politik fällt, möchte sie Gesellschaft und Individuen einen nachhaltigen Rahmen für die weiter mögliche ausgewogene Interessenverfolgung unter den geänderten Umständen bieten. Und dazu bedarf sie erneut der Legitimierung innerhalb der als Resultat eines konstruktiven Konfliktes der Gesellschaft gesteckten Eckpunkte.

Diese Konflikte stellen die Energie für das Wachstum von Individuum, Gesellschaft und Politik gleichermaßen zur Verfügung, bedeuten somit den Antrieb für ständige Wachstumschancen. Um diese zu heben und nicht das ebenso bestehende Risiko der Moderne, diese Energie für eine Selbstvernichtung einzusetzen, heraufzubeschwören, bedarf es also einer von wechselwirkender Legitimierung durch Wertschätzung getragenen Verpflichtung, die durch Demokratie zum Ausdruck gebracht wird. Es geht darum,

dem von Beck (2007, S. 29) als Risikogesellschaft bezeichneten Phänomen der Gegenwart, in dem uns globale Risiken mit dem ausgeschlossenen anderen konfrontieren als
Resultat der Individualisierung, konstruktiv zu begegnen.
Bedeutsam ist dabei, dass auf einer zwischen allen Akteurinnen und Akteuren abgeschlossenen Übereinkunft betreffend ein konstruktives Verständnis der Wesenselemente der
modernen Demokratie aufgebaut werden kann, deren Einhaltung essenziell für ein Funktionieren ist. Nur dadurch
kann auf Zeit gewährleistet sein, dass Politik und Gesellschaft sich als Wachstumsumfeld für das Individuum im
Einklang bewegen und entwickeln können.

Anderenfalls besteht nicht nur die Gefahr, dass Politik wie
im in der Einleitung (oben S. 4 und 5) angeführten Zitat Arnims zum Ausdruck gebracht, zum Selbstzweck verkommt
und die Rechtsordnung damit nicht mehr als sicherheits-
spendender Rahmen durch das Resultat eines gesellschaftlichen Aushandlungsprozesses akzeptiert wird. Es wird dann
vielmehr auch das bereits angesprochene Risiko einer Selbstvernichtung des Systems schlagend mit weitreichenden Auswirkungen für sämtliche beteiligten Akteurinnen und Akteure. Crouch (2008, S. 10) entdeckt in der aktuellen Entwicklung der Demokratie sogar die präsente Gefahr, dass die
Bürgerinnen und Bürger entgegen dem sinngebenden Gedanken der Staatsform in eine passive, ohnmächtige Rolle
gedrängt werden, zu reinen Zuschauerinnen und Zuschau-
ern verkommen in einer Inszenierung öffentlicher Politik
zu eigens ausgewählten Streitthemen. Während Menschen
wie unser Kurt auf der Tribüne sitzen und durch das Geschehen in der politischen Manege den Eindruck vermittelt
erhalten, Zeuge der Aushandlung zu jenen Themen zu sein,

die ihn betreffen, findet demnach der wahre Interessenausgleich hinter dem Vorhang zwischen den politischen Funktionsträgerinnen und Funktionsträgern sowie ausgewählten Eliten statt. Damit schließt sich wieder der Kreis zur in der Einleitung skizzierten Befundaufnahme. Es ist ein gemeinsamer Handlungsbedarf zum Wohle der Gesellschaft und des friedlichen Miteinanders erkennbar: Wir alle müssen nachdenken, wie wir Demokratie als eng mit der individuellen Entfaltungsmöglichkeit verbundene Staatsform wieder zu ihrer Stärke zurückverhelfen können, die Freiheit des beziehungsweise der Einzelnen mit einem friedvollen Miteinander zu verbinden. Es gilt dabei, das demokratische Grundkonzept, das als hilfreich dafür erkannt wurde, Konfliktenergien in Wachstumschancen im Wege der Transformation derselben umzulenken, statt gegen sich selbst und das Individuum gleichermaßen zu richten, wieder zu stärken und sinnvolle Alternativen auf dem Weg der auch hier ständig erforderlichen Weiterentwicklung zu entwickeln.

Wenn, so wie es oftmals empfunden wird, in der Politik Streit im Vordergrund steht und dabei die Sache der Ausverhandlung der Interessen von Gesellschaft und Individuen bis zur Unkenntlichkeit in den Hintergrund zu treten scheinen, besteht Gefahr für Gesellschaft, Politik und Individuum gleichermaßen. Wie auch in anderen konfliktbehafteten Lebensbereichen wird nämlich hier ebenfalls häufig übersehen, dass eine durch destruktives Konfliktverhalten nach außen erkennbar stark belastete Beziehung zwischen einzelnen Akteurinnen und Akteuren wie etwa den Politikerinnen und Politikern automatisch Auswirkungen nimmt auf die in einem synallagmatischen Verhältnis zu ihnen stehenden Personenkreise wie etwa die Wählerinnen und Wähler und die gesamte Gesellschaft. Dabei ist es in den Auswirkungen zunächst ohne große Bedeutung, ob es sich um eine bloße Zurschaustellung symbolischer Intentionen oder um von echten Emotionen getriebene Aktionen handelt: Auch wenn Politikerinnen und Politiker die auf der öffentlichen Bühne ausgesprochenen gegenseitigen Drohungen im persönlichen Umgang miteinander niemals aussprechen würden, bei Bürgerinnen und Bürgern, deren persönliche Interessen in dem Disput angesprochen werden, kann der gewählte Eskalationsstil Folgen haben. Bei eskalierenden Konflikten werden bereits sehr früh auf einer emotionalen Ebene Koalitionserwartungen mit den vorgetragenen Standpunkten suggeriert oder sogar offen ausgesprochen, zu welchen sich von eigenen Vorgeschichten und Interessen getragene Außenstehende unter Zugzwang sehen. Mit zunehmender Koalitionsstärke auf beiden Konfliktparteiseiten sind es darüber hinaus auch noch die jeweiligen Beziehungen der beiden zu den Dritten, die ebenfalls ihre Wirkung auf das System entfachen. Längst sind es nicht mehr nur die Personen, die aufeinander wirken: Zusätzlich – und wesentlich schwerer auszumachen, da auch mit zahlreichen konfliktfremden Erfahrungen angereichert – wirken nun verstärkt auch die Beziehungen aufeinander. Aus einem Streit in der Politik wird rasch ein Streit in der Gesellschaft zwischen einzelnen Individuen, wenngleich das zugrunde liegende Thema eigentlich gar nicht ihres ist und darüber auch noch die persönliche Frustration steigt, solchermaßen von der Erfüllung eigener Bedürfnisse abgelenkt zu werden.

Beispiel

Ein Politiker spricht einem Regierungsmitglied die Kompetenz ab, wirksame Maßnahmen zur Bekämpfung von Arbeitslosigkeit zu setzen. Dieser kontert, dass die Kritik beweise, dass der Kritiker keine Ahnung habe. Außenstehende Beobachterinnen und Beobachter erkennen in dieser Frage rasch einen Gerechtigkeitskonflikt, welcher in ihnen je nach den eigenen Wertevorstellungen Empörung auslöst und sie dazu veranlasst, in eine emotionale Koalition zu einem der beiden Akteure zu treten. Bei der nächsten Begegnung mit anderen Menschen, mit denen auch ein Gespräch zu politischen Themen erfolgt, kann dieses Thema bereits zu einem starken Streit führen, ohne dass eine persönliche Betroffenheit von Arbeitslosigkeit vorliegen muss. Auch wenn die Auseinandersetzung im Parlament bereits lange vorbei ist, kann in der Bevölkerung auf diese Weise ein von persönlichen Interessen der einzelnen unabhängiger Konflikt weiter eskalieren ohne eine Chance auf eine konstruktive Einigung.

Es gilt daher einen Weg zu finden, wie dieses Risiko des konfliktbasierten Funktionierens von Demokratie eingedämmt werden kann, ohne die Vorzüge der Staatsform im Bereich der Eigenverantwortlichkeit des beziehungsweise der Einzelnen zugleich einzubüßen.

In den Politikwissenschaften wird zum Verhältnis zwischen Gesellschaft und Politik unter anderem davon ausgegangen, dass diese einander betreffend die Konfliktkultur reziprok gegenüberstehen. Eine auf Harmonie bedachte Gesellschaft treffe dabei regelmäßig auf einen konfliktbetonten Regierungsstil, während umgekehrt von Konflikten zerklüftete Teilgesellschaften einen auf Einigung konzentrierten Umgang in der Politik auf den Plan rufen. Ein Umstand, welcher den Entfremdungsprozess zwischen Individuum und Politik vor allem in der erstgenannten Konstellation voranzutreiben vermag. Auch in der Kleingruppenmediation trifft man häufig auf sehr ähnliche Konstellationen, in denen die Konfliktparteien ähnliche Ausprägungsgegensätze leben: Während etwa auf einer Seite emotional betonte Versuche der Durchsetzung eigener Standpunkte an der Tagesordnung stehen, zieht sich die andere zunehmend zurück. Dabei ist es im Kleinen meist hilfreich, im Wege einer sogenannten systemischen Unterbrechung mit Instrumenten der Mediation diese für gemeinsame Lösungsfindungen hinderliche Ungleichheit zu durchbrechen. Der Autor vertritt nun dazu die Auffassung, dass dies nicht nur in Paar- und Kleingruppenmediationen möglich ist, sondern auch auf das Verhältnis von Gesellschaft und Politik umgelegt werden kann mit der Zielsetzung, damit wieder in Erinnerung zu rufen, dass Demokratie nicht bloß von der Politik, sondern von der gesamten Gesellschaft zu leben ist: Solchermaßen kann ein Gleichklang im Konfliktzugang zwischen Individuum, Gesellschaft und Politik bewirkt werden. Es gilt eine allseitige Toleranz dafür aufzubauen, dass Interessen und Bedürfnisse einander mal widersprechen, mal auch gemeinsam sein dürfen und diesem Wechselspiel ausreichend Raum zu geben. Ist diese Steigerung der Ambiguitätstoleranz gelungen, so stellt dies die Basis dar für das Heben der Wachstumschancen aus den Konflikten, welche nicht mehr generationenweise übertragen werden müssen und auf diesem Weg eine Dynamik erlangen, welche Gesellschaft, Individuum und Politik gleichermaßen in den Würgegriff nehmen. Dass es sich hierbei um keinen Schritt handelt, der von heute auf morgen umzusetzen ist, sei dabei unbestritten. Ein Kulturwechsel bedarf eines längeren Prozesses, in welchen alle beteiligten Gruppen gleichermaßen einzubinden sind; alle Akteurinnen und Akteure müssen erst den Mehrwert, der ihnen aus diesem Pfad der friedlichen Wachstumsdemokratie erwachsen kann, spüren und verstehen können.

Vor diesem Hintergrund wird die Bedeutung der Frage, inwieweit Mediation für die Weiterentwicklung der Gesellschaft notwendig ist, deutlich. Unter der Grundannahme, dass Mediation als hilfreich zur Transformation von Konflikten in Wachstums- und Veränderungsenergie mit allseitigem Gewinn betrachtet werden darf, stellt sie jedenfalls in der analytischen Betrachtung eine Bereicherung auf dem weiteren Weg der beschriebenen Entwicklung für Demokratie als Staatsform der partizipativen und somit eigenverantwortlichen Organisationsform der Gesellschaft dar.

Vorschläge für weiterführende persönliche Gedanken

* *Was bedeutet eine Stimmabgabe bei einer Wahl für Sie?*
* *Sehen Sie auch zwischen Wahlterminen die Möglichkeit, an Entscheidungen der Politik mitzuwirken?*
* *Wo sehen Sie Unterschiede zwischen Machtausübung und Gewaltausübung?*
* *Über welches politische Thema haben Sie zuletzt mit einem Bekannten gestritten?*

Demokratie und Konflikt

Der Prozess der Individualisierung des Menschen und der Vergesellschaftung durch den Eintritt in die konflikthafte Auseinandersetzung mit dem anderen ging also in weiten

Bereichen einher mit einer Institutionalisierung der modernen Demokratie. In jenem Maß, in dem die Menschen sich ihrer eigenen Bedürfnisse und Interessen bewusst wurden, nahm die Bedeutung dieser Staatsform zu: Immerhin verspricht das Grundkonzept der Demokratie wie keine bekannte Alternative, den für das Individuum erforderlichen Freiraum zu achten. Es liegt somit auf der Hand, sich anzusehen, was das Wesen dieser Staatsform ausmacht und weshalb nicht einfach die bestehenden Strukturen etwa der Monarchie beibehalten wurden und Diktaturen im Wesentlichen Ausnahmeerscheinungen in Interimszeiten bleiben.

Demokratie

Der Begriff der Demokratie leitet sich aus dem altgriechischen Wort für Gemeinwesen, δῆμος (demos), und jenem für Herrschaft, κρατία (kratia), ab. Es wird die Abstammung, wie auch Duss-von Werdt (2011, S. 30 ff.) feststellt, oft mit ἔθνος (ethnos), also Volk, verwechselt, was aber von der Begrifflichkeit einen demokratiefernen Ansatz der Unterteilung der Gesellschaft in ethnische Gruppen implizieren würde unter Missachtung eines demokratischen Grundprinzips der Verständigung über ethnische Zugehörigkeiten hinweg auf einen gemeinsamen gesellschaftlichen Rahmen. Auch die Rechtsordnung selbst verleitet durch den gewählten Begriff des „Volkes" zu einem solchermaßen irreführenden Verständnis. Saage (2005, S. 27) verweist zum Begriff der Demokratie im Zuge der Darstellung seines sozialgeschichtlichen Wandlungsprozesses auf den Umstand, dass die Umsetzbarkeit der mit Demokratie verbundenen und ihr auch zugeschriebenen Möglichkeiten

vom jeweiligen Entwicklungszustand der Gesellschaft ab-
hängt. Damit wird ein synallagmatischer Zusammenhang
zwischen Gesellschaft und Ausprägung von Demokratie
ausgedrückt.

Krell (2012, S. 18) sieht unter Bezugnahme auf die
Grundrechtspakte der Vereinten Nationen ein konstituie-
rendes Merkmal von Demokratie in den um soziale und
wirtschaftliche Dimensionen ergänzten politischen Grund-
rechten der Freiheit in formaler, bürgerlicher und politischer Sicht. Ein Mindestmaß an sozialer Gleichheit stellt
dabei die Basis dar, auf welcher die politische Partizipation
erst möglich wird, da erst durch sie sichergestellt werden
kann, dass den Bürgerinnen und Bürgern die materiellen
Ressourcen der Gesellschaft in dem zur Befriedigung der
Grundbedürfnisse des einzelnen Individuums erforderlichen Ausmaß zugänglich sind. Darin ist eine friedenssi-
chernde Funktion von Demokratie zu erblicken: Durch die
unverhandelbaren und nur noch in der Ausweitung, nicht
jedoch in der Beschränkung dem Ermessen der Parteien
unterliegenden Rechte sollen Konflikte um die Befriedigung zumindest jener Bedürfnisse, welche in der untersten
Stufe der Maslow'schen Bedürfnispyramide zusammengefasst werden, hintangehalten werden. Ein Zeichen der Ausprägung der Entwicklung des Systems kann demnach darin
gesehen werden, bis zu welcher Stufe der Bedürfniserfüllung die Rechte des Individuums auf Entfaltung im Auge
behalten werden bei der Normengebung.

Die hier angesprochene Maslow'sche Bedürfnispyramide
(Abb. 2.1) funktioniert ähnlich einem Kartenhaus. Möchte
man zur Ebene der Selbstverwirklichung gelangen, so ist es
erforderlich, die darunterliegenden Ebenen solide aufgebaut

Abb. 2.1 Maslow'sche Bedürfnispyramide

zu haben: Ohne ausreichend Trinkwasser und Nahrung als körperliche Bedürfnisse wird es etwa schwer gelingen, empfangene Anerkennung anzunehmen. Umgekehrt kann es, ebenfalls ähnlich dem Vorgang des Errichtens eines Kartenhauses, zu verstärkt auftretenden Bedürfnissen näher der Basis kommen, wenn Störungen in Richtung der Selbstverwirklichung drohen oder erwartet werden. Traumatisierende Erlebnisse einer empfundenen sozialen Ungerechtigkeit beispielsweise, die zu einem komplizierten Verhältnis zum eigenen Gerechtigkeitsempfinden führen können, drücken sich oftmals in erhöhten Symptomen des Bedürfnisses nach Sicherheit aus wie auch der Kartenhauserbauer, der nicht genügend Vertrauen in die Tragfähigkeit der bereits errichteten Ebenen hat, um die nächste Etage zu errichten, stattdessen wohl lieber eine näher der Basis liegende Etage überdimensional ausbauen wird. Dies wird etwa sichtbar in Asylfragen: Wird hier darauf verzichtet, eine transparente Aushandlung eines in der Gesellschaft auf eine Einigung zu verfestigenden gemeinsamen Gerechtigkeitsempfindens für die Rahmenbedingungen einer Asylgewährung vorzunehmen, so kann diese Intransparenz sehr rasch zu einem

erhöhten Sicherheitsbedürfnis der Bevölkerung in diesem
Zusammenhang führen. Anstelle einer Einigung auf Stan-
dards wird es zur emotionalen Einforderung von Schutz
vor den Fremden kommen, wobei zur Untermauerung
sachlich weit hergeholte Argumente die Standpunkte stetig
verhärten.

Ziel der Demokratie ist es, in diesem Sinne eine partizipative Aushandlung von Rahmenbedingungen vorzunehmen, welche eine Selbstverwirklichung des Individuums
ermöglichen. Die Gesellschaft erhält dabei die Kompetenz
zugeschrieben, jene Sicherheit zu garantieren, die das Individuum benötigt, um das Vertrauen zu haben, die auch als
gemeinsame Basis dienenden Bedürfnisse eigenverantwortlich befriedigen zu können.

Ein in der Literatur, so auch in modernen populärwissen-
schaftlichen Werken wie etwa bei Moestl (2013, S. 28 f.),
immer wieder divergierend und in den Schlussfolgerungen
paradoxerweise dennoch eigentlich konsensual betrachte-
ter Aspekt ist jener der Ausstattung eines demokratischen
Oberhauptes mit Macht oder Herrschaft. Macht ist dabei
zu verstehen als die Autorisierung einer gewählten Instanz
durch die Individuen einer Gesellschaft, bis auf Weiteres
einen Willen auch gegen ein Widerstreben durchzusetzen.
Herrschaft hingegen basiert auf einem Autoritäts- und Le-
gitimitätsanspruch, welchem eine spiegelbildliche Anerkennung dieses Anspruches im Willen zum Gehorsam in einem von Disziplin geprägten Klima gegenübersteht. Stehen
Karl Marx, Max Weber und Georg Simmel eher auf dem
Standpunkt, die sozialen Strukturen seien in erster Linie
geprägt von divergierenden und im Kampf ausgetragenen
Interessen, die somit eines Gewaltträgers beziehungsweise

einer Gewaltträgerin bedürften zur Schaffung eines sicheren Rahmens, so sieht die Schule von Emile Durkheim,
Talcott Parsons und Jürgen Habermas ein Konsenspara-
digma, in dem auf gemeinsame Werte, Ideen und Ideale
aufgebaut wird. In letzterem Fall reicht ein Machthaber beziehungsweise eine Machthaberin an der Spitze des Staates
aus, um für die Balance widerstreitender Bedürfnisse in den
gesellschaftlichen Aushandlungsprozessen der Individuen
hilfreiche Maßnahmen zu setzen – der Idealtypus von Demokratie.

In beiden Modellen kann erkannt werden, dass es jeweils eines Aktes der Legitimierung bedarf, um zur Maß-
nahmensetzung im Rahmen des gesellschaftlichen Gefüges
zu berechtigen: sei es, dass Macht verliehen wird, zu einem
Konsens zu führen unter Berücksichtigung widerstreitender Interessen, sei es, dass Herrschaft anerkannt wird in
Form von zugesagter Disziplin in der Umsetzung auch den
eigenen Bedürfnissen zuwiderlaufender Maßnahmen zum
Wohle der Gesellschaft. Es ist in Abgrenzung zu diktatori-
schen Systemen, welche auf Gewalt zur Durchsetzung der
Anerkennung als normengebende Instanz setzen oder zu
monarchischen Systemen, welche auf Tradition zur Außer-
streitstellung dieser Befugnisse gründen, jeweils ein auf
Freiwilligkeit aufbauender Akt, welcher in der Demokratie
in Form von freien Wahlen zum Ausdruck gebracht wird,
vorausgesetzt.

Eine weitere interessante These der Politikwissenschaften,
wie sie bei Pelinka (2010, S. 33 ff.) gefunden werden kann,
erklärt die Bedingtheit der jeweils vorherrschenden Spielart
einer gesellschaftlichen Konfliktkultur eines Staates: Demnach bedarf es bei einer stark fragmentierten Gesellschaft

mit widerstreitend ausgelebten Standpunkten in essenziellen Lebensfragen einer konsensorientierten Führung (Konkordanzdemokratie), während die homogene Gesellschaft einer Konkurrenzdemokratie die Basis bietet mit einem auf Wahlgewinn gerichteten Widerstreiten der Standpunkte der einzelnen Parteien, die weniger zu einer Annäherung in Sachfragen als zu einem nur noch Kompromisse ermöglichenden Auseinander trotz innerhalb des Verfassungsbogens gemeinsamer Interessenlage führt. Trotz der möglichen Unterschiede in der gesellschaftlichen Verfasstheit, deren nur die beiden Polarpunkte aufgezeigt wurden, wird wohl davon auszugehen sein, dass die scheinbar widerstreitenden Ansätze von Macht oder Herrschaft gleichermaßen ihre Bedeutung in der modernen Demokratie haben: In der Konkordanzdemokratie wird danach zu streben sein, Macht zugesprochen zu erhalten, während in der Konkurrenzdemokratie der Herrschaftsanspruch im Vordergrund steht. Nachdem bei der Verleihung von Macht ein Akt der ausdrücklichen Legitimierung zum Eingriff in Interessen des Individuums kaum merkbar ist im Gegensatz zum Herrschaftsmodell, kann bei Letzterem rasch der Eindruck erweckt werden, die Maßnahmen demokratisch gewählter Organe seien nicht ausreichend legitimiert. Wer jemandem aus freien Stücken die Handlungsvollmacht erteilt, in die eigene Freiheit einzugreifen, wird die daraus allenfalls tatsächlich resultierenden Einschränkungen weniger als einen Verlust empfinden als jemand, dem keine andere Wahl blieb, als dieses Stück der Selbstbestimmung aufzugeben.

Sehr gut ersichtlich aus beiden Ansätzen ist jedenfalls, dass in der Demokratie in jedem Fall eine Staatsform erblickt werden will, der, egal in welcher Ausprägung, die

Kompetenz zugeschrieben wird, mit Konflikten in einer Art und Weise umzugehen, die es Individuum, Gesellschaft und Politik erlaubt, miteinander eine Balance in den verschiedenen Feldern von Interessenkollisionen zu finden. Eines der deutlichsten Felder ist dabei wohl jenes der ständigen Suche der Menschheit nach Gerechtigkeit: Mit dem Eintritt in die Moderne entstand in den Menschen ein neues Bedürfnis nach Gerechtigkeit, da Religion oder auch bloß die weltliche unangetastete Instanz kraft Tradition nicht mehr eo ipso legitimiert war, „gerecht" zu sein. Gerechtigkeitskonflikte sind die logische Konsequenz, zu welchen der Demokratie als Staatsform das Vertrauen geschenkt wird, auch hier den passenden Rahmen schaffen zu können.

Um Gerechtigkeit, wozu es in der Ausgangslage des Eintritts in die Moderne wohl zumindest ebenso viele Vorstellungen wie Individuen gibt, in den demokratischen Diskurs einbringen zu können, bedarf es zunächst einer auch auf der Mikroebene sehr hilfreichen Eingrenzung durch einen Ausschluss von jenen Werten, die als gemeinsames Gut vorausgesetzt werden müssen. Johan Galtung hat hier einen wertvollen Ansatz in Form der unverhandelbaren Forderungen des Individuums in die Überlegungen eingebracht: Grundbedürfnisse des Menschen sowie auch Menschenrechte – sofern Letztere nicht durch einen Gesetzesvorbehalt eingeschränkt werden – sind als gerecht außer Streit zu stellen. Was der Befriedigung von Grundbedürfnissen dient, ist dabei lediglich wechselseitig zu klären, niemals aber einer Gerechtigkeitsdiskussion zugänglich. Und dennoch bleibt breiter Raum gegeben, Demokratie als Staatsform zu nutzen, ein gemeinsames Verständnis von Gerechtigkeit aufzubauen: Verteilungsgerechtigkeit, Austauschgerechtigkeit,

Vergeltungsgerechtigkeit und Verfahrensgerechtigkeit werden von Montada (2011, S. 156 ff.) als Diskurspunkte, welche einer Aushandlung zwischen den Individuen einer Gesellschaft unter Anleitung der Politik zugänglich und auch notwendig sind, genannt. Je professioneller der Umgang der Politik mit diesen Fragen ist, desto stärker wird die Legitimität der Führung ausgeprägt wahrgenommen werden von Gesellschaft und Individuen bei gleichzeitig starkem Autonomiegefühl: Die getroffenen Vereinbarungen, die in der Rechtsordnung zum Ausdruck gebracht werden, werden als gerecht und damit selbsterklärend empfunden von den Akteurinnen und Akteuren, was in einer hohen Normenakzeptanz zum Ausdruck kommt. Eine Steuerreform etwa, zu der unter breiter Einbindung aller betroffenen Gesellschaftsgruppen der Reihe nach Status quo, Zielsetzung und Rahmenbedingungen erarbeitet und außer Streit gestellt werden können mit daran anschließender Würdigung der betroffenen Bedürfnisse und darauf aufbauender Einigung auf eine der in diesem Sinne als geeignet identifizierten Alternativen, bietet die Chance der Festigung der Machtposition einer Regierung. Durch die Transparenz all dieser Schritte auf dem Weg zu den einzelnen identifizierten Alternativen und in weiterer Folge zur getroffenen Lösung ist es nämlich dem beziehungsweise der Einzelnen möglich, die Berücksichtigung der eigenen individuellen Bedürfnisse zu überwachen und sich gegebenenfalls auch aktiv in den Prozess einzubringen. Transparenz wirkt als Inklusion: Das Verzichten auf die bloße Darstellung von Standpunkten zugunsten einer Offenlegung dahinterstehender Interessen und Zielsetzungen macht es leichter, zu einer Lösung zu ermächtigen, die auch als Einschnitt in eigene Interessen gesehen werden kann. Umgekehrt ist eine empfundene Außerachtlassung von Bedürfnissen auch nur einer Teilgesellschaft bei Fragen der Gerechtigkeit etwa durch eine verfehlte Informationspolitik Anlass, die Legitimierung zum Eingriff in Räume persönlicher Entfaltungsmöglichkeiten generell infrage zu stellen und mündet in einen empfundenen Konflikt des Individuums mit der Politik.

Einen weiteren Eckpfeiler der Demokratie, welcher keinesfalls übersehen werden darf und der zugleich seine Affinität zur Zulässigkeit von Konflikten zwischen den Akteurinnen und Akteuren systemimmanent beweist, stellt die Autonomie der einzelnen Akteurinnen und Akteure dar: Auch wenn Individuum, Gesellschaft und Politik einander wechselseitig zur Entfaltung benötigen, so brauchen sie, wie auch Luhmann (2010, S. 142 ff.) beschreibt, dennoch zugleich eine autonome Ebene in zeitlicher, sachlicher und sozialer Hinsicht. Es bedarf daher eines mit der Liquiditätsreserve eines Unternehmens, das sich damit ein zeitliches Polster zwischen Umwelteinfluss und Reaktion als Handlungsspielraum verschafft, vergleichbaren Legitimitätsvorschusses für die Politik, um sich Zeit für den autonomen Prozess hin zur Entscheidungsfindung zu verschaffen. Am deutlichsten sichtbar wird dies in der weitläufig bekannten Frist von 100 Tagen, die für gewöhnlich einer neuen Regierung bis zur öffentlichen Einforderung von Ergebnissen gewährt wird. Es bedarf darüber hinaus auch der Zulässigkeit von verschiedenen Kommunikationswegen zwischen den Teilsystemen, um durch die mehrseitige Ausrichtung Autonomie zu erfahren: So soll das Individuum nicht nur Wählerin beziehungsweise Wähler und Normadressatin beziehungsweise Normadressat sein, sondern zum Beispiel auch

Petitionen an Verwaltung und Politik richten dürfen. Und schließlich soll es jederzeit möglich sein für die Akteurinnen und Akteure, einen Rollenwechsel durchzuführen und auch verschiedene Rollen zugleich – etwa Individuum und auch Politikerin beziehungsweise Politiker – zu bekleiden.

Der Gegensatz von Verschwiegenheit versus Transparenz ist ein weiteres vermeintlich sich gegenseitig ausschließendes Gegensatzpaar, welches das Wesen von Demokratie ausmacht und zugleich Anlass zu Konflikten gibt, deren Resultat es dabei auch selbst bereits ist. Die Legitimität der Führungsfunktion von Politik bedarf einerseits des Vertrauens zwischen den Systemen, dass Interessen gewahrt werden, zugleich aber benötigt sie im Sinne des übergeordneten Ganzen einer Transparenz in der Auseinandersetzung, um so die gemeinsame Zielvorstellung formulieren und verfolgen zu können.

Konflikt

Zumal also ein Querblick durch die wissenschaftliche Auseinandersetzung mit dem Funktionieren von Politik im Allgemeinen und Demokratie im Besonderen den Schluss nahelegt, dass der Konflikt als tragende Säule der Demokratie und zentrales Element von Politik betrachtet werden kann, ist es an der Zeit, sich mit der Definition des Konfliktes als Ausgangspunkt für Analyse und Transformationsschritte zu beschäftigen. Was ist überhaupt unter einem Konflikt zu verstehen, und wie kann man verhindern, dass er zerstörerische Wirkungen entfaltet?

Bei der literarischen Recherche nach bestehenden Modellen zur Konflikttheorie im politischen Kontext fällt auf, dass die Politikwissenschaften, wie bereits dargestellt, zwar regelmäßig in einer Analyse der gangbaren oder auch bereits beschrittenen Wege der Herstellung eines Konsensniveaus zwischen den Akteurinnen und Akteuren auf Ebene der Interessen, des Wissens oder auch anderer Dimensionen der politischen Interaktion verschiedenste Konflikttheorien aus den Sozialwissenschaften ohne weitere Reflexion zum Ausgangspunkt machen, auf die Entwicklung eines einheitlichen Modells aber scheinbar verzichten. Auch Saretzki (2010, S. 35) bemängelt in seiner Befundaufnahme über die politikwissenschaftlichen Theorien und Ansätze hinsichtlich der qualitativen Ausgestaltung der Auseinandersetzung mit den aktuellen Gesellschaftsthemen, dass dem Konfliktbegriff zwar der Stellenwert eines Dreh- und Angelpunkts innerhalb dieser Disziplin eingeräumt wird, diesem Umstand aber erstaunlicherweise bislang nicht durch die Entwicklung eines auf dieses Wissenschaftsgebiet abgestellten Konfliktmodells Rechnung getragen wurde.

Die in vorliegendem Buch behandelte Frage, inwieweit unsere Demokratie Mediation benötigt, bedingt vor dem Hintergrund des beschriebenen Feldes, in welches sie eingebettet ist, allerdings zunächst einer Antwort auf die Frage: Bestehen im Feld der Begegnung von Individuum, Gesellschaft und Politik Konflikte? Wenn ja, zwischen wem bestehen sie, was sind die Themen, und welche Bedürfnisse und Interessen stellen den Antrieb für eine Eskalation dar? Mediation kann schließlich nur dort ihre Wirkung entfalten, wo es um die Transformation von Konfliktenergie geht. Mangels eines bereits in den Politikwissenschaften anerkannten und regelmäßig eingesetzten erprobten Konfliktmodells – wobei es von Interesse wäre, an anderer Stelle ein solches zu entwickeln – ist daher für die in diesem Buch angestellten Überlegungen Anleihe in den Sozialwissenschaften zu nehmen, die eine Vielzahl von brauchbaren Ansätzen für eine differenzierte Konfliktanalyse auch im politischen Kontext bieten. Dabei ist auf die jeweiligen Handlungsfelder demokratischer Abläufe und Strukturen einzugehen.

Glasl (2011, S. 17) definiert den Konflikt als ein aufeinander bezogenes Kommunizieren oder Tun zwischen Akteurinnen und Akteuren, wobei mindestens eine beteiligte Person zu verstehen gibt, dass sie sich in Beobachtung, Denken, Empfinden und Wollen durch das Gegenüber in einer Unterschiedlichkeit der genannten Dimensionen beeinträchtigt sieht. Von zentraler Bedeutung des Begriffes in seiner sozialen Dimension ist dabei das interpersonelle Aufeinandertreffen von unterschiedlichen Standpunkten aufgrund individuell ausgeprägter Interessen und Bedürfnisse, die jeweils als ein Antrieb für die prozedurale Dramaturgie der weiteren Schritte dienen. Eine Differenz in den Standpunkten allein entspricht dabei noch nicht dem Wesen eines Konfliktes. Wenn unser Kurt etwa den Plänen zur Einhebung einer Autobahnmaut ablehnend gegenübersteht, er selbst aber weder ein Auto hat, noch mittelbare Auswirkungen auf sich selbst erkennt, dann wird er hier zu dieser Frage, wenn man sie isoliert betrachtet, in keinen Konflikt treten. Erst in Vermengung zu einem Thema, welches seine eigenen Bedürfnisse anspricht, wird er sein persönliches Konfliktlösungsmuster aktivieren und beispielsweise zu Kampfmaßnahmen des Protests greifen.

Gerade im politischen Kontext spielt dabei, mehr noch als im Feld der allgemeinen sozialen Konflikte mit den vereinzelt anzutreffenden Stellvertreterkonflikten, allerdings auch die Urheberschaft beziehungsweise Quelle der treibenden Interessen und Bedürfnisse eine zentrale Rolle. Wesen der Politik ist es schließlich, dass ein Ausgleich der Interessen im gesellschaftlichen Zusammenleben als Zusammenschluss der in einem Verband lebenden Individuen angestrebt wird. Demokratie wählt dabei den beschriebenen Weg der gewählten Macht zur Austragung auftretender Konflikte in Handlungsfeldern des gesellschaftlichen Miteinanders mit dem Auftrag zur konsensualen Lösungsfindung. Ueberhorst erkennt in diesem Zusammenhang die, auch mit Mitteln der Mediation erreichbare, Aufgabe der Machthaberinnen und Machthaber, die durch die verschiedenen Interessenlagen in der Gesellschaft auftretenden Spannungsfelder zu erkennen und konsensorientiert zu bearbeiten. Damit ist eine klare Trennung der Eigeninteressen beziehungsweise der Bedürfnisse anderer im politischen Kontext maßgeblicher Akteurinnen und Akteure von jenen der in der Rolle der Gesellschaft befindlichen Auftraggeberinnen und Auftraggeber der demokratischen Machtposition angezeigt. Eine Reduktion der Tätigkeit demokratischer Mandatsträgerinnen und -träger auf eine positionelle Politik, welche den Kampf um Mehrheiten sowohl innerhalb der nach dem Wahlergebnis zusammengesetzten Gremien als auch im Hinblick auf den nächsten Urnengang im Zentrum hat, ist zwar formal sicherlich auch der österreichischen oder der deutschen Bundesverfassung genügend, nicht jedoch hilfreich für die Erhaltung der emotionalen Legitimität durch den Souverän Volk. Mit dieser Vorgehensweise wird nämlich der Interessengegensatz auf Ebene der demokratischen Vertreterinnen und Vertreter in den Gremien auf eine von der Gesellschaft abstrahierte Ebene übertragen und dort ausgefochten. Die einzelnen Menschen werden dabei jedoch aus der Rolle des Interessenträgers beziehungsweise der Interessenträgerin in jene des bloßen Koalitionspartners beziehungsweise der bloßen Koalitionspartnerin gegen das eine andere Position einnehmende Lager gedrängt. Der kulturelle Verständigungsprozess bleibt dabei zugunsten einer verstärkten Lagerbildung aus. Der Anspruch der auf Durchsetzung drängenden unerfüllten Bedürfnisse wird andere Formen suchen, wobei je nach Demokratisierungszustand der Gesellschaft unterschiedliche Ausprägungen im Konfliktlösungsmuster zutage treten werden. Die Palette kann von gänzlicher Verweigerung der Beteiligung an der Abarbeitung kooperativer Leistungsziele als Zeichen von Flucht über Regierungsstürze, wie sie in unserer Geschichte wie auch aus der Auslandskorrespondenz bekannt sind, bis hin zur Bildung eigenverantwortlicher Bürgerinnen- und Bürgerbewegungen reichen und ähnelt sehr den von Schwarz (2010, S. 277 ff.) beschriebenen Mustern (Abb. 2.2).

Im Weiteren wird also auf dieser Konfliktdefinition aufgebaut. Im Kontext mit Politik gilt es aber unbedingt auch mit zu berücksichtigen, dass einerseits Konflikte ja unverzichtbarer Antrieb für das gesellschaftliche Wachstum sind, andererseits es eine Verflechtung verschiedenster Interessen und Bedürfnisse im Auge zu behalten gilt. Letzteres ist schließlich auch eine Daseinsberechtigung für die politischen Mandatsträgerinnen und -träger in demokratischen Funktionen, zumal es dieser bedarf, um die Individuen zu den unterschiedlichen Interessen der Gesellschaft in ihrer Pluralität bei der Suche nach einem einheitlichen Rahmen in Form einer Rechtsordnung zu koordinieren. So ist etwa

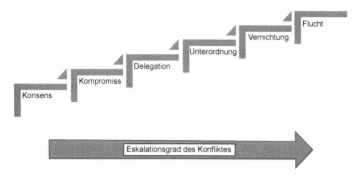

Abb. 2.2 Veranschaulichung der Konfliktlösungsmuster entsprechend dem Eskalationsgrad nach Schwarz

jedenfalls zu berücksichtigen, dass Konflikte, insbesondere jene im politischen Kontext, Aspekte sowohl der Makro- als auch der Meso- und Mikroebene umfassen (Glasl 2011a, S. 67 ff., Feindt 2010, S. 20). Unser Kurt hat beispielsweise auf der Mikroebene das sehr persönliche Interesse, Zugang zu hervorragender medizinischer Versorgung zu haben und ist froh, nur wenige Minuten von einem Allgemeinen Krankenhaus entfernt zu wohnen. Die direkten Erfahrungen mit dem dortigen Personal stimmen ihn auf der Mikroebene glücklich. Auf der Mesoebene betrifft ihn dabei die Diskussion in seiner Gemeinde, ob „sein" Krankenhaus erhalten werden soll oder im Zuge einer Zusammenlegung mehrerer Spitäler aus dem Umkreis den Sparplänen zum Opfer fällt. Die politischen Diskussionen zur Finanzierung des Gesundheitswesens und des Zugangs zum Medizinstudium sind an der Makroebene anzusiedeln. Auch wenn diese drei Ebenen, wie anhand dieses Beispiels sehr gut sichtbar wird, einen sachlich sehr starken Kontext zueinander haben, so wird die erkannte persönliche Betroffenheit klare

Unterschiede in der Bereitschaft des Individuums zum Eintritt in den Konflikt zutage bringen.

Ebenfalls mitzudenken gilt es, dass Fairness in den politischen Konflikten eine ebenso wichtige Rolle spielt wie in Streitsituationen auf der Ebene zwischen zwei Menschen. Was nicht als fair empfunden wird, sorgt für Unbehagen und wird zumindest zu einem latenten Konflikt, also einem schwelenden Streit, führen. Die Herausforderung im Kontext mit Demokratie ist dabei, dass die Vorstellungen von Fairness höchst individuell sind, von Mensch zu Mensch daher stark variieren können und es daher gilt, trotz scheinbaren Widersprüchen in unzähliger Menge und Intensität eine kollektive Klammer der Einigung zu finden. Konflikte in der Demokratie sind auch aus anderen Perspektiven geprägt von Ambiguitäten, also Widersprüchen: etwa im Zusammenhang mit der die Durchlässigkeit des kollektiven Selbstverständnisses in seiner scheinbaren Ambiguität zu den Rechten von Minderheiten oder hinsichtlich Fragen der Grenzen der Zulässigkeit versus des Erfordernisses normativer Eingriffe in die Sphäre individueller Freiräume zur Schaffung freier Entfaltungsmöglichkeiten aller in einem gesicherten Umfeld. Mit dieser Betrachtungsweise wird Konfliktpotenzial in schier unermesslicher Quantität und auch Qualität sichtbar gemacht, welches sich Demokratie konsensual zu transformieren zur Aufgabe gemacht hat.

Nicht zu unterschätzen ist schließlich die Bedeutung von Wissen im wissenschaftlichen Sinn für den Verlauf von Konflikten, insbesondere in den politischen Handlungsfeldern. Demokratische Entscheidungsfindungsprozesse setzen zu Beginn nicht unbedingt eine gemeinsame Basis an Wissen voraus, allerdings ist Fischer (2010, S. 130) beizupflichten, wenn er in tabellarischer Form darlegt, dass kurz- und mittelfristiges Nichtwissen sowie gewolltes Nichtwissen hohes Konfliktpotenzial in sich bergen. Auch Bös (2009, S. 21) geht davon aus, dass unzureichende Informationen jedenfalls zu latenten Interessen führen. Wir kennen es ja auch aus unserem privaten Umfeld. Wenn wir das ungute Gefühl bekommen, dass unser Gegenüber keine Anstalten zeigt, sich Wissen zu einer Angelegenheit, die uns wichtig ist, anzueignen, kann das die Basis für eine handfeste Auseinandersetzung darstellen: direkt zu diesem Umstand oder – wesentlich schwieriger zu erkennen – zu einem ganz anderen Thema.

Daraus kann geschlossen werden, dass Transparenz zu Themen mit verfügbarem Wissen demnach in demokratischen Entscheidungsprozessen gleichermaßen wie in sozialen Konflikten bei zunehmender Nähe zum Zeitpunkt einer erwarteten Entscheidungsfindung erhöhte Bedeutung mit unmittelbaren Auswirkungen auf die Konflikttiefe zukommt. Dass im Wechselbezug die Konflikthandhabung durch die Akteurinnen und Akteure ihrerseits die Entwicklung des Wissensstandes zu beeinflussen vermag, belegt Scholl (2009, S. 67 ff.): Während Anpassung, Vermeidung und Machteinsatz meist verbunden sind mit einem Zurückhalten von Informationen oder Manipulation derselben, kommt es bei einer konsensualen Konfliktaustragung zu einer Steigerung des Wissensstandes.

Aus der analytischen Betrachtung des in der Wissenschaft bereits vorhandenen Materials lässt sich im Ausdruck der engen Beziehung zwischen Konflikt und Demokratie jedenfalls erkennen, dass Mediation einen wertvollen Beitrag zur Weiterentwicklung des demokratischen Systems leisten kann. Immerhin stehen da wie dort die Interessen

und Bedürfnisse der Bürgerinnen und Bürger als beteiligte Akteurinnen und Akteure im Zentrum der Handlung,
jeweils versehen mit einer auf die Selbstverwirklichung des
Individuums ohne Beschränkung der anderen versehenen
Zielsetzung.

Vorschläge für weiterführende persönliche Gedanken

* ✻ *Werden Ihre persönlichen Bedürfnisse von der Gesetz-*
  gebung ausreichend berücksichtigt?
* ✻ *Werden die persönlichen Bedürfnisse anderer Personen*
  in Ihrem sozialen Umfeld ausreichend berücksichtigt?
* ✻ *Fühlen Sie sich ausreichend informiert?*
* ✻ *Können Sie ausschließen, mit einigen Ihrer Interessen*
  auch einmal einer Minderheit in der Gesellschaft anzu-
  gehören?
* ✻ *Welche Möglichkeiten sehen Sie, in einem Streit für alle*
  beteiligten Personen faire Lösungen zu finden?

Rollen in der Demokratie

In der Dynamik von Konflikten spielen die einzelnen beteiligten Personen eine Bedeutung. Erst sie geben schließlich
dem Geschehen durch ihre individuellen Strategien und
Formen des Konfliktverhaltens sowie der Kommunikation
zu Themen und Interessen die Richtung vor. Sehr deutlich
wird das etwa in jenen Fällen, wo es auf der Makroebene
einen harmonisch erscheinenden Konsens zu geben scheint,
der auf der Mikroebene allerdings, wo dasselbe Thema be-
reichert wird um die persönliche Betroffenheit in der Verfolgung individueller Bedürfnisse und Interessen, schlagartig

hohes Konfliktpotenzial freisetzt. Das liegt größtenteils an der Rolle, welche von den Akteurinnen und Akteuren zu einem Thema eingenommen wird: etwa einerseits in der Rolle der Expertin oder des Experten zu einem Thema, auf der anderen Seite in der Rolle derjenigen Person, welche in ihrer Privatsphäre mit den global gutgeheißenen Vorstellungen plötzlich konfrontiert wird. Damit ändert sich gewissermaßen die emotionale Nähe zur konkreten Bedeutung eines Sachverhaltes für die Bedürfnisverfolgung einzelner, der im Namen gemeinsamer Werte kraft der Expertise oder im Falle demokratischer Funktionärinnen und Funktionäre kraft Legitimierung normative Schranken gesetzt werden. Während etwa auf einer Makroebene die flächendeckende Versorgung mit Breitbandmobilfunk für gut geheißen und sogar gefordert wird, kann sich dies rasch in eine ablehnende Haltung ändern, wenn der Sendemast direkt am benachbarten Grundstück errichtet werden soll. Wird nämlich zunächst das Hauptaugenmerk auf die Vorteile für Wirtschaft und Menschen gelegt, so bringt die persönliche Betroffenheit auch die immer wieder berichteten ungewissen Auswirkungen auf die Gesundheit oder die persönlichen ästhetischen Vorstellungen des Ortsbildes zutage. Eine Form des Sankt-Florian-Prinzips, wonach man mit allem leben kann, solange es bloß den Nachbarn beziehungsweise die Nachbarin und nicht einen selbst betrifft.

Ständig mit zu berücksichtigen ist bei einer Einzelbetrachtung der einzelnen Rollen, deren eine Akteurin beziehungsweise ein Akteur auch verschiedene einzunehmen vermag, die bereits oben angesprochene Autonomie der einzelnen Akteurinnen und Akteure: Auch wenn Individuum, Gesellschaft und Politik einander wechselseitig zur

Entfaltung benötigen, so brauchen sie, wie auch Luhmann (siehe oben) beschreibt, dennoch zugleich eine autonome Ebene in zeitlicher, sachlicher und sozialer Hinsicht. Es bedarf daher eines mit der Liquiditätsreserve eines Unternehmens, das sich damit ein zeitliches Polster zwischen Umwelteinfluss und Reaktion verschafft, vergleichbaren Legitimitätsvorschusses für die Politik, um sich Zeit für den autonomen Prozess hin zur Entscheidungsfindung zu verschaffen. Es bedarf der Zulässigkeit von verschiedenen Kommunikationswegen zwischen den Teilsystemen – so soll das Individuum nicht nur Wählerin beziehungsweise Wähler und Normadressatin beziehungsweise Normadressat sein, sondern beispielsweise auch Petitionen an Verwaltung und Politik richten dürfen –, um durch die mehrseitige Ausrichtung Autonomie zu erfahren. Und schließlich soll es jederzeit möglich sein für die Akteurinnen und Akteure, einen Rollenwechsel durchzuführen und auch verschiedene Rollen zugleich – etwa Individuum und auch Politikerin beziehungsweise Politiker – auszuüben.

Es empfiehlt sich daher zur Schaffung eines besseren Verständnisses, die im politischen Zusammenspiel involvierten Rollen und deren Besetzung näher zu betrachten.

Parteien sowie deren Funktionärinnen und Funktionäre

Parteien spielen in der Demokratie seit jeher eine bedeutsame Rolle. Sie sind jener Teil – von der lateinischen Bedeutung „pars" stammt auch der Begriff Partei ab – der Gesellschaft, in denen sich Individuen mit ähnlichen Wertevorstellungen zusammenschließen, um die Aufgabe zu übernehmen, die aus dem Dialog mit den anderen Individuen der Gesellschaft erkannten Notwendigkeiten und Bedürfnisse aufzugreifen und in einen Rahmen der Sicherheit durch entsprechende Normenfindung und Normengebung zu gießen. Politischen Parteien kommt dabei aus dem jeweiligen Blickwinkel der für sie jeweils gemeinsamen Wertevorstellungen in einer sozialen Konstruktion der Wirklichkeit eine integrative Aufgabe für die Gesellschaft zu. Aus der in Anzahl der Individuen vorhandenen Anzahl von Wertvorstellungen werden Gemeinsamkeiten herausgearbeitet, über die ein Rahmen von Zusammengehörigkeit und Wachstum in einer Rechtsordnung definiert werden kann. Im Diskurs mit den anderen politischen Parteien hat dieser Rahmen sich mit Minimalanforderungen zu begnügen, um größtmögliche Sicherheit bei dem geringstmöglichen Eingriff in die Individualität des beziehungsweise der selbstbestimmten Einzelnen zu gewährleisten. Die Parteien stehen dabei, wie Duss-von Werdt (2011, S. 30 ff.) beschreibt, nicht oberhalb des Gemeinwesens, sondern bleiben integraler Bestandteil in einem fluktuierenden Nähe-Distanz-Verhältnis zu den ein Mandat zur Entwicklung des Rahmens für das Gemeinwohl erteilenden Wählerinnen und Wählern. Herausforderung an die Rolle des Repräsentanten beziehungsweise der Repräsentantin einer Partei ist dabei, zum einen die eigene Individualität zu kennen und trennen zu können von dem Dienst für die Gesellschaft hinsichtlich der Interessen und Bedürfnisse und den damit verbundenen Gefühlen, zum anderen auch innerhalb der Partei am Wachstum durch eine Weiterentwicklung des Parteiprogramms und diverser Aktionenprogramme mitzuwirken bei Wahrung der jeweils vertretenen Werte. Diese

Rolle verlangt dem beziehungsweise der Einzelnen somit eine enorme Einsicht in die Verantwortlichkeiten auf verschiedenen Ebenen ab, die es zu tragen gilt.

Bürgerinnen und Bürger

Die Individuen haben in der Demokratie die bedeutsamste und damit die zentrale Rolle: als die Legitimität ausstellende Kraft – am deutlichsten sichtbar bei Wahlen, Petitionen, Volksabstimmungen, Volksbefragungen oder Demonstrationen – oder als Trägerin beziehungsweise Träger der Vergesellschaftung. Schon Rousseau erkennt, dass die Demokratie wie keine andere Staatsform Wachsamkeit und Mut verlangt und sie daher angewiesen ist auf die Kraft und die Standhaftigkeit ihrer Bürgerinnen und Bürger. Diese tragen primär Verantwortung für das eigene Wachstum, bestimmen aber auch über den Grad der Zulässigkeit des Eingriffs in ihre Privatsphäre und ihre individuellen Wertevorstellungen durch Akzeptanz der von der Politik formal beschlossenen Rechtsordnung. Sie sind solchermaßen zuständig für die Mitentwicklung der Gesellschaftskultur, deren Träger sie ebenso sind. In einem Graubereich ist dabei auch das Individuum auf einer Skala zwischen aktiver und passiver Legitimation politisch, dabei aber primär sich selbst gegenüber verantwortlich. Dass dem Individuum die zentrale Rolle zukommt, ist auch daran unschwer auszumachen, dass es selbstverständlich Individuen sind, die in einer Zusatzrolle jene des Politikers beziehungsweise der Politikerin, des Repräsentanten beziehungsweise der Repräsentantin der Gesellschaft oder vielmehr einer Teilgesellschaft (etwa in Verbänden), des funktionellen Beamten beziehungsweise der funktionellen Beamtin in der Verwaltung, des Experten beziehungsweise der Expertin oder des Journalisten beziehungsweise der Journalistin einnehmen. Das Individuum ist auch hinsichtlich der Ausprägung und Entwicklung der Gesellschaft zentraler Angelpunkt. Käsler (2011, S. 58) bringt dies damit auf den Punkt, dass er die einzelnen Menschen als Trägerinnen und Träger der Wirkung von Vorstellungen auf andere und die Gesellschaft ausmacht und nicht einen immer wieder zur Rechtfertigung herangezogenen entpersonifizierten Sachzwang.

Die Gesellschaft

Die Gesellschaft als ständig sich aus sich heraus reformierendes Resultat des Vergesellschaftungsprozesses der Individuen seit Eintritt in die Moderne tritt in Form von Repräsentanten beziehungsweise Repräsentantinnen von Teilgesellschaften am deutlichsten in Rollenform auf. Minderheiten etwa, die ein geografisches und soziales Zugehörigkeitsgefühl entwickeln, küren aus ihrer Mitte heraus zumeist ohne formale Vorgänge die Rolle des Repräsentanten beziehungsweise der Repräsentantin der gemeinsamen Interessen für eine abgrenzende Integration in die Gesellschaft. Damit ist eine deutliche Abgrenzung zur politischen Partei, die sich über Wahlen einen Legitimitätsvorschuss für die Dauer einer Legislaturperiode holt, erkennbar. Aber auch zu anderen Interessen ist dieses Phänomen zu beobachten: Wirtschaftliche und ideelle Verbände bieten ihre gemeinsamen Interessenschwerpunkte der Allgemeinheit zum Diskurs über eine abgrenzende Integration an mit dem Angebot der Aufnahme in die der Gesellschaft gemeine Wertelandschaft.

Die Gesellschaft definiert sich sehr stark über gemeinsame Wertevorstellungen und ein gemeinsames Gerechtigkeitsempfinden. Es ist dabei darauf zu achten, dass für eine konstruktive Kraft diesbezüglicher Einigungen eine positive Formulierung gefunden wird. Jede Einigung darauf, welche Werte auszuschließen seien, hat gewissermaßen die Gefahr eines paradoxen Effektes: Es wird solchermaßen nicht nur eine sinnstiftende Gemeinschaft verwässert, es werden darüber hinaus Teilgesellschaften magisch herbeibeschworen, die gerade den auszuschließenden Werten nachhängen. Deutlich wird dieses Paradoxon am simplen Beispiel der Aufforderung, bloß nicht an rosa Elefanten zu denken. Selbstverständlich wird damit sofort das Bild eines rosa gefärbten Dickhäuters provoziert.

Die Verwaltung

Zwischen Individuen und Gesellschaft auf der einen Seite und die politischen Akteurinnen und Akteure auf der anderen Seite ist die Ebene der Verwaltung, die Bürokratie, in eine Übersetzungs- und Umsetzungsfunktion zwischengeschaltet. Der Verwaltung kommt dabei, wie es Müller in Anlehnung an Max Weber (2007, S. 215) zutreffend beschreibt, in der europäischen Verfassungskultur die Aufgabe zu, „sine ira et studio", also ohne Ansehen der Person – wenn auch im Dienste der Herrschaft – zu agieren. Man spricht dabei vom Berufsbeamtentum, welches anders als das politische Beamtentum eines US-amerikanischen Konzepts unabhängig von den politischen Parteien zu agieren hat – dies wird etwa in Form einer allgemeinen Dienstpflicht des Beamten beziehungsweise der Beamtin zur Unparteilichkeit zum Ausdruck gebracht –, um so eine Kontinuität und Stabilität sichernde Konstante im demokratischen Gefüge sicherzustellen. Die Bürokratie erfüllt dabei zum einen die Aufgabe, dem Recht gegenüber dem Individuum zur Durchsetzung zu verhelfen und damit die Einhaltung des von der Politik geschaffenen Rahmens der Gesellschaft zu gewährleisten, zum anderen wirkt sie aber auch an dessen Weiterentwicklung mit durch Spruchpraxis der Behörden und auch Aufnahme von in der Gesellschaft vorgenommenen Weiterentwicklungen in die Vorschläge an die Politik. Letzteres wird beispielsweise deutlich im legistischen Prozess, an dessen Beginn meist eine öffentliche Begutachtung neuer Gesetzesvorschläge durch die Verwaltung durchgeführt wird, um eine größtmögliche Berücksichtigung aller bestehenden Interessen sicherzustellen, ohne dabei jedoch der politischen Endverantwortung des Parlaments vorzugreifen.

Die Massenmedien

Nicht unterschätzt werden darf im demokratischen Gefüge die Rolle der Massenmedien als Drehscheibe für die Information. Massenmedien nehmen in der aktuellen Landschaft von den in den Politikwissenschaften, so etwa von Pelinka (2010, S. 97 ff.), diskutierten Möglichkeiten der „Verursacherhypothese" und der „Verstärkerhypothese" beide Funktionen wahr. Einerseits lassen sie sich von den politischen Akteurinnen und Akteuren, aber auch von Vertreterinnen und Vertretern der Gesellschaft wie etwa NGOs und vereinzelt auch Individuen dazu einsetzen, Bewusstsein für ein Thema zu schaffen. Andererseits dienen sie in der österreichischen Medienwirklichkeit den übrigen Akteurinnen und Akteuren aber auch zu einer Verstärkung oder einer Abschwächung einzelner politischer Themen in der Bedürfnisbetroffenheit der Leserinnen und Leser. Auffällig ist jedenfalls, dass die Massenmedien einen sehr hohen Stellenwert in der demokratischen Struktur einnehmen: Sie sind es, aus denen die Individuen die für das Funktionieren von Demokratie so bedeutsame Information im Sinne des Anspruches auf Transparenz in kompakter und übersichtlicher Form entnehmen wollen.

Für Laackmann (2013, S. 25) liegt es daher auf der Hand, dass Medien betreffend die Frage der Legitimität von Demokratie eine zentrale Rolle spielen, sind sie es doch, die Informationen verteilen und damit eine zentrale Säule der Demokratie gleichsam verwalten. Unter der Frage der Legitimität werden dabei vor dem Hintergrund der bisherigen wissenschaftlichen Überlegungen zur Begrifflichkeit alle jene Reibungspunkte zwischen Gesellschaft und staatlicher Führung zusammengefasst, welche sich mit dem Fortbestehen einer Anerkennung des Eingriffes in die individuellen Entfaltungsmöglichkeiten zum Wohle des Gemeinwohls auseinandersetzen. Medien tragen damit eine Verantwortung für das demokratische System als solches, aber auch dem einzelnen Individuum gegenüber, zumal nicht nur die Art und Weise der Berichterstattung über aus eigenen Interessen heraus festgesetzte Themen Auswirkungen haben, sondern auch der Umstand selbst, dass berichtet wird. Manipulative Motive hinter der Informationsverteilung schaden dabei nicht nur der Rolle der Massenmedien selbst, sie nehmen auch Einfluss auf gesellschaftliche Prozesse in der konfliktuellen Aushandlung entscheidender Interessen und den Legitimitätszuspruch des Individuums an die Demokratie.

Damit haben Medien eine sehr hohe Bedeutung und auch eine große Chance. Die Medien könnten aus der Rolle des derzeit wahrnehmbaren Moderators der Bedürfnisse und Interessen auf der Gratwanderung der Instrumentalisierung zur Durchsetzung von einseitigen Standpunkten einzelner Akteurinnen und Akteure im demokratischen Gefüge emporsteigen in eine mediative Rolle. Dabei könnten aus dem Blickwinkel der Allparteilichkeit die übrigen Akteurinnen und Akteure durch die aktive Zurverfügungstellung einer transparenten Plattform begleitet werden zu konsensualen Lösungen. Dafür müsste allerdings nicht nur die stets kritisch beäugte Ausgewogenheit, wie viel Raum jeweils den Vertreterinnen und Vertretern der politischen Parteien eingeräumt wird, beachtet werden. Es müsste auch daran gearbeitet werden, dass eine zukunftsorientierte Ausrichtung weg von kausalen Zusammenhängen und Schuldfragen hin zu einer interessenbasierten Aufarbeitung der einzelnen Themen erfolgt in einer Ausbalanciertheit von Akteurinnen und Akteuren sowie Interessen auf rationaler wie auch auf emotionaler Ebene. Dann tritt nicht nur die Quantitätsfrage der zur Verfügung gestellten Räume hinter die gebotene Qualität zurück, es setzt auch ein von Kausalität losgelöstes zirkuläres Denken ein, welches so den Boden für eine konsensuale Ausgestaltung der Rahmengebung durch ausverhandelte Normen aufbereitet.

Es wurden hier nur die auffälligsten Rollen im demokratischen System kurz dargestellt. Und dennoch lässt sich bereits erkennen, dass dieses Feld nicht zuletzt aufgrund des ständigen Flusses der Weiterentwicklung prädestiniert ist für verschiedenste Konflikte: Konflikte, die intrapersonell auftreten können durch eine Rollenvielfalt, die auf ein einzelnes Individuum zukommen kann, Konflikte innerhalb der einzelnen Akteursgruppen aber auch Konflikte zwischen den von verschiedenen Individuen bekleideten Rollen. Anders als in der klassischen Mediation, wo es primär um Konflikte im privaten Bereich und somit um Konflikte zwischen Individuen geht, ist es hier möglich, dass verschiedene Rollen mit unterschiedlicher Legitimation in Konflikt zueinander treten und dabei Wechselwirkungen auf ungeahnte andere Bereiche im Feld nehmen. So ist es kaum vermeidbar, dass die Konfliktkultur zwischen politischen Parteien Auswirkungen auf die Gesellschaft und auch die einzelnen Individuen im Ausmaß ihrer politischen Rolle nehmen. Ein breites Betätigungsfeld für die Anwendung von Mediation, möchte man die dabei freigesetzten Energien positiv transformieren in Veränderungs- und Wachstumsenergie ohne Verliererinnen und Verlierer des Systems.

Möchte man die bestehenden demokratischen Strukturen an das Wesen von Mediation annähern, so ist es hilfreich, sich bei der Durchforstung der bestehenden Strukturen an einem der Grundprinzipien des Wirkens von Mediation zu orientieren: auf ein Ausbalancieren in sämtlichen Bereichen. Akteurinnen und Akteure, die in die Überlegungen dazu auf jeden Fall einzubinden sind, stellen die Politikerinnen und Politiker in Bundesregierung und Gesetzgebungskörperschaft, die Verwaltung, die Vertreterinnen und Vertreter der Gesellschaft in parallelen Strukturen zu Politik und schließlich die einzelnen Individuen im Staatsverband dar. Auch nicht vergessen werden darf dabei, gerade in einer Demokratie, auf die Rolle der Massenmedien hinzuweisen.

Vorschläge für weiterführende persönliche Gedanken

* *Welche Rollen kennen Sie aus eigener Erfahrung?*
* *Welche Schwierigkeiten können Sie bei den einzelnen Rollenbildern erkennen?*
* *Was würden Sie ändern?*
* *Welche Möglichkeiten haben Sie, Änderungen zu bewirken?*

Gerechtigkeit und Demokratie

Wie bereits einige Male in der bisherigen Betrachtung sichtbar geworden ist, hat das Streben nach Gerechtigkeit eine hohe Bedeutung in der Demokratie und ist dabei auch maßgeblicher Antrieb für Konflikte. Der individuelle Gerechtigkeitsdrang ist für das Entstehen von beobachtbaren Konflikten in der Unterscheidung nach Anlass und Ursache oftmals von zentraler Bedeutung und darf daher nicht übersehen werden, beeinflusst er doch das weitere Geschehen und damit die zu erwartende Effektivität zur Verfügung stehender Möglichkeiten maßgeblich. Saretzki (2010, S. 44) weist zur Unterscheidung nach Anlass und Ursache darauf hin, dass Anlässe nicht mehr sind als bloß Auslöser zu durch Ursachen initiiertem Konfliktpotenzial, welches durch sie aus einem latenten in einen manifesten Beobachtungsstatus erhoben wird. Dabei darf nicht übersehen werden, dass somit zutage tretendes Konfliktverhalten in keinem direkten kausalen Interessenzusammenhang zum beobachteten oder kommunizierten Anlass stehen muss. Meist schwelt im demokratischen Kontext im Hintergrund ein unbearbeitetes Bedürfnis nach Gerechtigkeit und stellt einen latenten Konflikt dar, welcher seiner Transformation harrt.

Dies zeigt auch einen erheblichen Mehrwert von Mediation für die Demokratie, da eines der Hauptprobleme der Rechtsordnung eines Staates das oftmals empfundene Auseinanderdriften von Recht und Gerechtigkeit auch zu Sachverhalten darstellt, in denen eigentlich gar keine unmittelbare Betroffenheit von aktuellen Interessen ersichtlich ist. So wird zum Beispiel oftmals das Verhältnis von Strafen für Eigentumsdelikte im Verhältnis zu Strafen für Verbrechen gegen die Unversehrtheit des Menschen als ungerecht empfunden, auch wenn nur weit vom eigenen Umfeld entfernt Berichte in Tageszeitungen gelesen werden; es wird die Gewährung von einzelnen sozialen Transferleistungen als ungerecht empfunden, wenngleich man weiß, dass nur ein sehr geringer und im eigenen Haushaltsbudget im Centbereich liegender und somit nicht wirklich spürbarer Anteil der eigenen Steuerleistung dafür aufgewendet wird, den man sich bei einem Wegfall somit theoretisch sparen könnte. Wie kommt das und wie kann es einer konstruktiven Bearbeitung zugeführt werden?

Gerechtigkeit stellt den Versuch dar, über einen Ausgleich zwischen den Wertevorstellungen des Einzelnen in der gesellschaftlichen Auseinandersetzung mit jenen der anderen Mitglieder der Gesellschaft eine Balance im bedürfnisgerechten Umgang mit den Ressourcen der Gesellschaft herzustellen. Wertevorstellungen sind dabei nicht unbedingt deckungsgleich mit den artikulierten aktuellen Bedürfnissen der Menschen. Sie bilden vielmehr eine näher am persönlich erkannten Sinn des Lebens liegende Orientierungshilfe des Individuums, die mit dem Eintritt in die Moderne als Ausfluss der Loslösung von vorgegebenen Wertevorstellungen durch Religion oder Herrscherin beziehungsweise Herrscher individualisiert wurde nach den jeweiligen persönlichen Entwicklungsprozessen im jeweiligen sozialen Umfeld. Unterschiedliche Wertevorstellungen finden ihren Ursprung dabei nicht nur bei den offensichtlichen ethnischen Unterschieden, auf die sie in einer oberflächlichen Betrachtung oftmals reduziert werden. Bereits verschiedene Familienkulturen als Ausfluss der Individualität in der Entfaltung des modernen Menschen führen zu unterschiedlichen Weltanschauungen, aus denen nicht nur eine jeweils andere Konstruktion der Wahrheit resultiert, sondern auch eine jeweils andere Vorstellung der sozialen Wirklichkeit.

Damit Gerechtigkeit als angemessener Ausgleich der in jeder Gesellschaft existierenden vielfältigen Unterschiede weitgehend wirksam werden kann, bedarf es einer offenen Kommunikation über die verschiedenen Anschauungen. Dabei ist nicht nur die wechselseitige Offenheit für den anderen in seinem Anderssein Grundvoraussetzung, es bedarf auch eines Rahmens, der die für die konstruktive Auseinandersetzung erforderliche Sicherheit vermittelt. Nur so können die vorhandenen moralischen Bewertungen offen und uneingeschränkt kommuniziert werden. Ziel der Auseinandersetzung und dabei auch nach außen sichtbares Zeichen für die Entwickeltheit einer Gesellschaft ist die Schaffung eines gemeinsamen Wertesystems mit einer wechselseitigen Bereicherung bestehender Unterschiede zu einem gemeinsamen Gerechtigkeitsbegriff, der nicht nur Eingang in die Staatsfundamentalnormen der Rechtsordnung findet, sondern auch eine solide Basis für die Aushandlung von Interessenkonflikten in konkreten Anlassfällen bietet.

Bei den Gerechtigkeitskonflikten wird in der Literatur oftmals zwischen vier verschiedenen Haupterscheinungsformen unterschieden: der Verteilungsgerechtigkeit, der Austauschgerechtigkeit, der Vergeltungsgerechtigkeit und der Verfahrensgerechtigkeit. Allen vier Formen ist, auch wenn sie unterschiedlich in Erscheinung treten, gemein, dass jeweils ein Streben nach Gleichheit dahintersteht. Gleichheit wird dabei verstanden als gleich im Zugang zu den Ressourcen der Gesellschaft bei Berücksichtigung der individuellen Bedürfnisse: So macht eine Gleichheit etwa im demokratischen Verständnis der Wertschätzung der Individualität keinen Sinn, wenn etwa allen Bürgerinnen und Bürgern dieselbe Ausbildung zuteil wird oder derselbe Steuerbetrag vom Lohn einbehalten wird. Bereits Aristoteles erkannte als Merkmal der Nikomachischen Ethik, dass nur Gleiche gleich zu behandeln sind. Egal ob es also gilt, Prinzipien zu entwickeln, nach denen eine Verteilung von Lasten und Rechten in einem Staatsgefüge erfolgt, ob es gilt, einen Rahmen zu schaffen für die Sicherstellung einer Balance zwischen Leistung und Profit in Form einer Reziprozität von Nehmen und Geben, einer Angemessenheit von Schuld und Sanktion oder der Ausgewogenheit von Macht: Aufgabe der Gesellschaft ist es immer, möchte sie den Zielzustand von Demokratie als Staatsform einer konsensualen Wachstumsgesellschaft in einem friedlichen Kontext erreichen, für eine konstruktive Aushandlung nicht nur der Interessen, sondern auch der Wertevorstellungen der Individuen zu sorgen. Zentrales Element wird dabei neben der Schaffung des Rahmens für diesen auf Partizipation angewiesenen Aushandlungsprozess auch die Verständigung aller Beteiligten darauf sein, den Dialog stets fortzusetzen, zumal der angestrebte Zustand vollkommener Gerechtigkeit niemals endgültig erreicht werden kann: Es wird immer wieder auch zu Ungerechtigkeitsgefühlen kommen, da nie alles berücksichtigt werden kann.

Wie bereits angedeutet, ist der Umgang mit Gerechtigkeitskonflikten ein Indiz für die demokratische Verfasstheit eines Staates. Vorstellbar und auch in der Realität anzutreffen sind nämlich auch hier die im Konfliktmanagement bekannten Konfliktlösungsmuster, die von der Flucht über die Vernichtung, die Unterwerfung, die Delegation und den Kompromiss bis hin zur konsensualen Aufarbeitung reichen können. So ist beispielsweise am Umgang mit Teilgesellschaften, denen etwa aufgrund ethnischer oder religiöser Erkennungsmerkmale von der übrigen Gesellschaft der Stempel des Fremdem aufgedrückt wird, in einem oberflächlichen Stereotyp leicht zu beobachten, dass dies zu einer Abschottung dieser Menschen in eigenen Wohnvierteln und einer sozialen Infrastruktur münden kann (Flucht), zu offenen Auseinandersetzungen bis hin zu bürgerkriegsähnlichen Zuständen (Vernichtung), zu scheinbaren Integrationsangeboten mit der Bedingung der Unterwerfung unter die Wertekultur der übrigen Gesellschaft (Unterwerfung), zum Ruf nach Außenstehenden wie etwa auch der Politik, hier Lösungen vorzusehen (Delegation) oder auch zur direkten konstruktiven Auseinandersetzung mit Kompromissen oder sogar einem Konsens in friedlicher Koexistenz als Resultat. Welcher dieser Wege bestritten wird, liegt dabei in der alleinigen Verantwortung des Individuums.

Mediation schafft hier die Möglichkeit, auch für Wertekonflikte und damit die Entwicklung eines gemeinsamen Gerechtigkeitsgefühls über die Grenzen der Unterschiedlichkeit des Individuums hinweg einen konstruktiven Rahmen zur Aushandlung zu bieten. Subjektive Gerechtigkeitsüberzeugungen können dabei offen artikuliert werden und über die Schaffung eines gemeinsam erkannten und definierten Sinnes des Lebens und der Gesellschaft eine gemeinsame Basis für die Koexistenz verschiedener Wertevorstellungen erhalten. Mediation übernimmt solchermaßen eine friedenstiftende Funktion, indem die Menschen durch sie befähigt und ermuntert werden, die Gerechtigkeitsvorstellungen zu artikulieren und dahinterstehende Prinzipien ersichtlich zu machen, womit die wechselseitige Relativierung und Akzeptanz über den Weg des Aufbaus von kenntnisbasiertem Verständnis erst möglich ist. Diese solchermaßen eigenverantwortliche Übereinkunft kann dann in die Rechtsordnung einfließen und eine solide Grundlage für interessenorientierte Gesetzgebung und gerechtigkeitswahrende Rechtsprechung bilden.

Vorschläge für weiterführende persönliche Gedanken

* *Was bedeutet für Sie Gerechtigkeit?*
* *Wie sorgen Sie in der eigenen Familie für Gerechtigkeit?*

> * *Erkennen Sie ein Bemühen des Gesetzgebers, für gerechte Rahmenbedingungen zu sorgen?*
> * *Welche Möglichkeiten haben Sie, für mehr Gerechtigkeit in Ihrer Gemeinde zu sorgen?*

Bildung und Demokratie

Demokratie wie auch Mediation setzt von allen Beteiligten ein auf die Zielsetzung gerichtetes Wollen, Können und Tun voraus. Die Verständigung der Akteurinnen und Akteure auf Demokratie als ihre Regierungsform sowie die Umsetzung waren bereits Gegenstand von Überlegungen aus verschiedenen Blickwinkeln, weshalb nun auch eine kurze Betrachtung der Rahmenbedingungen zur Befähigung, zum Können, angezeigt ist.

Wird die Eigenverantwortung des Menschen für die Durchsetzung seiner Werte und Interessen zutreffenderweise immer wieder betont, so ist auch dafür Sorge zu tragen, dass das Individuum die erforderliche Befähigung erlangt, selbstständig die Herausforderungen der Alternativen des täglichen Lebens zu meistern. Unter diesem Aspekt kommt der Bildungspolitik eine sehr hohe Bedeutung zu. Es gilt dabei, Qualifikationen und Kompetenzen wie analytisches, abstraktes und systemorientiertes Denken, die Fähigkeit zum kreativen Problemlösen und selbstständigen Entscheiden in neuen, wenig standardisierten Situationen sowie die Fähigkeit zur Kooperation in Teams in arbeitsteiligen Organisationen bereits in einem sehr frühen Stadium der Entwicklung zu fördern. Bereits den Kindergärten als erste

Zonen der regelmäßigen staatlich organisierten Begegnung außerhalb der Familie kommt hier aus Sicht der Chancengleichheit über soziale Grenzen hinweg besondere Bedeutung zu. Sie sind nicht bloß Hort einer Betreuung der heranwachsenden Generation, sie bieten Gelegenheiten von unschätzbarem Wert, einen Grundbaustein in der Bildung zu legen.

Anders als es den sprachlichen Assoziationen von Bildung mit Schule und damit der Reproduktion von Wissensinhalten und Qualifikation für berufliche Fertigkeiten mit im Weiterbildungsweg ermöglichten Leistungssteigerungen entsprechen würde, setzt Bildung im Verständnis von Demokratie also voraus, dass es hier um die Förderung und Ausprägung von Persönlichkeitsmerkmalen geht, die zur Identifizierung und Artikulation von eigenen Interessen im Austausch mit anderen Individuen befähigen. Das Individuum wird dazu angehalten, jene Regeln und Werte zu erfassen und mit zu gestalten, nach denen soziale Wirklichkeit abläuft. Demokratische Allgemeinbildung setzt hier einen lebenslangen Lernprozess voraus, zumal ständige Weiterentwicklung ein Markenzeichen dieser Staatsform ist, die daraus resultierend ständig neue Herausforderungen bietet, zu denen es neue Formen des Begreifens neuer Zusammenhänge und eines angepassten Umganges zu entwickeln gilt.

Entwicklung ist in diesem Zusammenhang ein mehrfach zutreffender Begriff: Entwicklung im Sinne des Sprachgebrauches als Wachstum, aber auch in seiner hermeneutischen Bedeutung des Sich-aus-etwas-Herauswickelns – ent-wickeln also: Durch die Unterstützung bei der persönlichen Entfaltung des Menschen als eigenverantwortliches

Individuum wird es diesem ermöglicht, gleich einer Zwiebel Schale für Schale die sein Wachstum behindernden Grenzen abzulegen und die Sicht auf neue Möglichkeiten für sich selbst, aber auch die Gesellschaft als Gesamtes zu erlangen.

Es verwundert vor diesem Hintergrund der engen Verbindung von Demokratie und Bildung daher nicht weiter, dass in den letzten beiden Jahrhunderten einhergehend mit der Verbreitung von demokratischen Elementen auf der Welt die Bildungsdiskussion immer wieder sehr beherzt geführt wurde. Während Bildung mancher Orts als Gefahr gesehen wurde, weil damit ein Volk unberechenbar für die Führung würde, und daraus eine Tendenz zur bloßen Vermittlung reproduzierbaren Wissens nach vorangegangener Zensur der Inhalte beziehungsweise einer Beschränkung von Bildung auf die für die Ausübung eines Handwerks erforderliche Vermittlung von Fertigkeiten erwachsen ist, hat sich nach und nach der humanistische Ansatz durchgesetzt: Chancengleichheit entsteht nicht durch die Einheitlichkeit im Zugang zu einem bestimmten Schultypus. Soziale Gerechtigkeit wird vielmehr gefördert durch eine nach Fähigkeiten diversifizierte Vermittlung von Wissen, wobei jedoch durch alle Schultypen hindurch die um theoretischen und geschichtlichen Input angereicherte Erprobung und Anwendung demokratischer Grundprinzipien etwa durch eine lebendige schulpartnerschaftliche Begegnung von Kindern, Eltern und Ausbildenden gepflegt wird mit möglichst großem Raum für schulautonome Entscheidungsmöglichkeiten.

Nachdem Bildung in diesem Sinne als lebenslanger Lernprozess definiert ist, kommt auch den Einrichtungen der

Erwachsenenbildung wesentliche Bedeutung zu. In diesem Bereich ist eine starke Entwicklung hin zu privaten Weiterbildungseinrichtungen in Diversifizierung zu den staatlichen Universitäten zu beobachten, wobei die humanistischen Bildungsinhalte deutlich zunehmen und als Zusatzqualifikationen immer mehr Zulauf erhalten. Auch im Bereich der unternehmensbezogenen Weiterbildung erhält die Vermittlung von Kompetenzen in der Konfliktbewältigung zunehmenden Stellenwert, wie nicht nur aus den Kursangeboten ersehen werden kann, sondern auch an der Anzahl der Einreichungen von Preisen wie dem jährlich vergebenen IRIS-Preis für die Implementierung auf Selbstbestimmung basierender Konfliktbeilegungsmodelle in Unternehmen.

Nachdem auch Mediation in Haltung und Verfahren die Menschen dabei unterstützt, die durch Bildung im demokratiepolitischen Sinn erwerbbaren Kompetenzen einzusetzen und dazu gleichermaßen ermutigt, sie stetig weiter auszubauen, ist auch unter diesem Gesichtspunkt Mediation als Bereicherung für Demokratie zu betrachten.

Vorschläge für weiterführende persönliche Gedanken

* *Welchen Stellenwert hat Bildung für Sie?*
* *Fühlen Sie sich, wenn Sie an Ihre letzten Streitgespräche denken, in der Lage, Lösungen zu vereinbaren, mit denen alle Beteiligten gut leben können?*
* *Was würden Sie gerne noch lernen?*
* *Welche Möglichkeiten haben Sie, sich jene Fähigkeiten anzueignen, die Sie noch gerne hätten?*
* *Wann haben Sie zuletzt einen Weiterbildungskurs besucht?*

Kommunikation in der Demokratie

Frindte (2001, S. 17) beschreibt Kommunikation als eine soziale Interaktion, in der es um eine gegenbezügliche Stimulation zum Aufbau einer Vorstellung der Realität geht. Kommunikation dient dabei im Wesentlichen dem Austausch von Information: Information über sachliche, erwartungstechnische, beziehungsrelevante und selbstoffenbarende Aspekte. Information stellt damit auch in der Demokratie eine wichtige Grundsäule dar: Immerhin gilt es, im Austausch von Information zwischen den Akteurinnen und Akteuren ein gemeinsames Interessenbewusstsein zu schaffen, das eine Weiterentwicklung der gemeinsamen Rahmenbedingungen zur Bewältigung der Aufgaben des täglichen Lebens im Miteinander erst ermöglicht. Damit stellt sie eine Hauptressource zur positiven Transformation auftretender Konflikte dar, die ja, wie bereits oben ausgeführt, dem Wesen der Demokratie inhärent sind. Störungen führen etwa im Wege der von Bös (2009, S. 21) beschriebenen fehlerhaften Interpretationen aufgrund eines unzureichenden Informationsaustausches zu Irritationen. Aus Gründen eines vermeintlichen Wettbewerbsvorteiles vorenthaltene Informationen oder eine Instrumentalisierung erhaltener Informationen für widersprechende eigene Interessen begünstigen etwa Misstrauen und damit eine rasch auf zunächst unbeteiligte Themen sich ausweitende Eskalation. Auch Troja (2011, S. 120 ff.) erkennt neben dem Demokratiedefizit, bei dem Beteiligungsmöglichkeiten der Bürgerinnen und Bürger zu kurz kommen, und dem Informationsdefizit, bei dem eine Informationsasymmetrie zwischen den Akteurinnen und Akteuren vor der

Beschlussfassung zu Lösungen hinsichtlich von beteiligten Interessen getragenen Themen besteht, im Kommunikationsdefizit einen Hauptgrund für das Auftreten von eskalierenden Konflikten in der Demokratie. Der emotionale Konfliktkern wird nicht mittels kommunikativer Fähigkeiten erhellt, sondern es erfolgt eine Aushandlung der Themen auf dem Weg eines institutionellen Austausches auf Ebene formaler Strukturen der Bürokratie und des Rechtssystems.

So bedeutsam Kommunikation nicht nur im Alltag, sondern auch im demokratischen Diskurs wie in der Mediation ist, so vielschichtig ist sie auch und bietet damit, wie bereits angedeutet, jede Menge an Störungsmöglichkeiten. Am besten wird dies mit dem Kommunikationsquadrat (Schulz von Thun 2010), das auch immer wieder als „Vier-Münder-vier-Ohren-Modell" bezeichnet wird, veranschaulicht und begründet: Jede verbal ausformulierte Botschaft wird auf vier Ebenen gesendet, das heißt als Sachinformation, als Selbstoffenbarung, als Beziehungshinweis und als Appell, und trifft in eben diesen Kategorien auch auf „vier Ohren" der Empfängerin beziehungsweise des Empfängers. Auf der Sachebene einer Interaktion geht es um den Austausch von Daten, Fakten und Sachverhalten, die nach den Kriterien der Relevanz, der Zustimmung und der Vollständigkeit bewertbar sind. Auf der mitschwingenden Selbstkundgabeebene werden, beabsichtigt oder unbeabsichtigt, explizit oder implizit, Informationen über eigene Bedürfnisse, Werte und Emotionen mitgesendet. Die Beziehungsseite des Gespräches gibt zu verstehen, wie die Gesprächspartnerinnen und -partner zueinander stehen, was sie voneinander halten, wobei auch dies meist nur implizit zum Ausdruck gebracht und – etwa als Wertschätzung oder Abwertung – aufgenommen wird. Auf der Appellebene wird schließlich vermittelt, welche Handlung vom Gegenüber erwartet wird: Hier werden Wünsche, Aufforderungen, Empfehlungen oder Handlungsanweisungen offen oder verdeckt transportiert. Die an der Kommunikation beteiligten Personen sind dabei von beiden Seiten für die Qualität des Informationsaustausches unter gegenseitiger ständiger Beachtung aller vier Ebenen verantwortlich, wobei die unmissverständliche Kommunikation den Idealfall und nicht die Regel darstellt. Kein Wunder, wenn man bedenkt, dass Kommunikation nicht nur aus digitaler Sprache, sondern auch aus den übrigen Ebenen der Metakommunikation besteht und somit ununterbrochen dazu verleitet, den gehörten Worten mindestens auf diesen vier Ebenen Bedeutung zu verleihen. Ein Vorgang, der von den Menschen so perfektioniert und automatisiert wurde, dass wir selbst oft gar kein Bewusstsein mehr dafür entwickeln, auf welcher dieser Ebenen wir unterwegs sind mit einer Botschaft. So kann leicht verkannt werden, wie eine wahrgenommene Botschaft eigentlich gemeint ist, selbst wenn die metakommunikativen Begleiterscheinungen wie Mimik, Intonation und Gestik mit berücksichtigt werden. Wenn dann eine Botschaft anders als gemeint beim Empfänger beziehungsweise bei der Empfängerin ankommt und eine Reaktion statt eine Rückfrage hervorruft, die auf einer nicht gemeinten Bedeutung basiert, dann führt dies zumeist zu Unverständnis, zumal ja die angekommene Bedeutung gar nicht für möglich gehalten wird – schließlich liegt sie nicht in der eigenen Intention.

Beispiel

In einer Presseaussendung erklärt das für Arbeit zuständige Regierungsmitglied, dass im Vormonat die Anzahl der Beschäftigten ein neues Rekordniveau erreicht hat. Dies führt zu unterschiedlichen Reaktionen, die allesamt stimmig sind, da die Botschaft auf einer unterschiedlichen Kommunikationsebene aufgenommen wurde: Während ein anderer Politiker darauf mitteilt, dass er sich freue, dass so viele Menschen Beschäftigung gefunden haben (er reagiert auf die Sachebene), meldet sich ein Sprecher der Wirtschaft zu Wort, der dringenden Handlungsbedarf der Regierung erkennt, mehr für den Wirtschaftsstandort zu tun, da die Wirtschaft nicht imstande sei, ohne Unterstützung dieses Niveau zu halten (er hat die Appellebene herausgehört). Eine Sprecherin einer Bürgerinitiative kontert mit einem Presseinterview, in dem sie darauf hinweist, dass es selbstgefällig sei von der Regierung, die ebenfalls gestiegene Anzahl der Arbeitslosen mit keinem Wort zu erwähnen (sie repliziert auf die Selbstoffenbarungsebene in der Aussage des Regierungsmitglieds), während ein im selben Zeitungsinterview zu Wort kommender Arbeitssuchender bedauert, dass Arbeitslose offenbar im Stich gelassen werden (Beziehungsebene). Eine simple Aussage kann daher jeweils mindestens auf vier Arten verstanden werden.

Über die beschriebenen Ebenen der Kommunikation und die damit einhergehenden zahlreichen Möglichkeiten des Verfehlens der Schaffung einer gemeinsamen Ebene zwischen den Kommunikationspartnerinnen und -partnern hinaus ist der wechselseitigen Kenntnis über die Interessenlagen und Wertevorstellungen des beziehungsweise der jeweils anderen Relevanz beizumessen. Dies stellt insbesondere im Bereich der interpersonellen Kommunikation, also im direkten Austausch zweier Personen vor allem in bestehenden Sozialverbänden, ein Unterscheidungskriterium zur Massenkommunikation dar. Während in der interpersonellen Kommunikation eine gezielte Anpassung an die Individualität des beziehungsweise der Einzelnen im Prozess des kommunikativen Austauschvorganges möglich ist, verliert die Massenkommunikation diesen treffsicheren rezeptiven systemischen Bezug zum Individuum. Umgelegt auf den im Zusammenhang mit einer Sitzung eines gesetzgebenden Organes in der Demokratie anzutreffenden Informationsaustausch und die dabei stattfindenden Debatten bedeutet dies, dass einerseits interpersonale Botschaften zwischen den Abgeordneten ausgetauscht werden, andererseits allerdings in Relation zur Gesellschaft als eigentlichem Souverän lediglich massenkommunikatorische Strukturen bestehen. Folgt man Haas (2014, S. 32), so bedeutet dies, dass sowohl die Abgeordneten als auch die Gesellschaft wechselseitig lediglich über Vorstellungen von den Werten und Interessen der jeweils anderen Seite verfügen und die Korrekturmöglichkeit der miteinander bestehenden Interaktion durch eine zeitnahe Rückkoppelung fehlt, während die beobachtbaren Debatten im Zuge und noch viel mehr am Rande einer Sitzung des gesetzgebenden Organs den Eindruck eines qualitätsvollen Austausches interpersoneller Art authentisch darzustellen vermögen. Im Korsett der Geschäftsordnung mit strengen Regeln der Worterteilung wird hier zwar die tatsächliche verbale Interaktion, abgesehen von mit Ordnungsrufen sanktionierbaren Zwischenrufen, erschwert, allerdings bleibt die gelebte und beobachtbare Möglichkeit einer zeitnahen Rückkoppelung. Am Rande der Debatte ist hier überhaupt eine synallagmatische Berücksichtigung der im Sozialverband gewonnenen Kenntnis der individuellen Einstellung der Gegenseite möglich.

Aus diesem Umstand kann geschlussfolgert werden, dass der Massenkommunikation als Gegensatz zur interpersonellen Kommunikation zwar eine größere Reichweite zukommt, diese allerdings mit der Unschärfe behaftet ist, dass weniger Interessen und Werte des Individuums getroffen werden, als hier vielmehr lediglich Vermutungen über dieselben der Botschaft zugrunde gelegt werden können. Insoweit liegt die Vermutung nahe, dass die vorherrschenden Kommunikationsstrukturen rund um eine Sitzung des Nationalrates als Zentrum der demokratischen Strukturen des Staatsapparates einen Beitrag zum Empfinden des beziehungsweise der Einzelnen stärkt, dass die Legislative zunehmend der demokratischen Legitimation entbehrt. Unter diesem Gesichtspunkt erscheint ein weiterer Gedanke, der in eine eigene Forschungsfrage und somit einen weiteren Untersuchungsgegenstand münden kann, interessant. Ist die Einführung eines stärkeren Persönlichkeitswahlrechtes in formaler Abbildung des bereits empfundenen partizipatorischen Naheverhältnisses zu kleineren demokratischen Struktureinheiten wie dem Gemeinderat einer Landgemeinde eine geeignete Form, die interpersonelle Kommunikation zu fördern und damit die Qualität der Demokratie zu steigern durch das Zurückdrängen der allseitigen Verallgemeinerung der individuellen Interessen in strukturell geschaffene Organisationsinteressen?

Friedrichsen (2013, S. 16) beschreibt hierzu eine Entwicklung, in der sich die Bürgerinnen und Bürger zunehmend der Technologien aus der modernen Welt des Internets bedienen und dies verstärkt auch Auswirkungen auf das politische Selbstverständnis dieser Rolle hat. Damit verbunden sind nicht nur von Weichert (2013, S. 45) identifizierte Verfremdungen und Störungen der politischen Kommunikation, das Internet wird vielmehr auch als Möglichkeit der Selbstbestimmtheit in der Informationsbeschaffung gesehen, womit ein Gefühl der Macht über Geschehnisse in Teilbereichen des politischen Geschehens einhergeht: Im Internet gibt es scheinbar keine Instanz, die die Informationen sortiert, strukturiert und erklärt und damit einhergehend das Meinungsbild lenkt. Vielmehr gibt es die technisch vereinfachte Möglichkeit, auch mit den einzelnen Akteurinnen und Akteuren der politischen Ebene in direkten Austausch zu treten. Interessant ist in diesem Zusammenhang, ob ein tatsächlicher Austausch auch auf der Social-Media-Plattform wie etwa Facebook betrieben wird oder ob diese technischen Veränderungen der Informationslandschaft lediglich als eine Variante zu den herkömmlichen Massenmedien gesehen werden. Dies könnte eine eigene Forschungsfrage bilden, die allerdings den Rahmen dieses Buches sprengen würde. Eine stichprobenweise Beobachtung des Auftritts österreichischer Politikerinnen und Politiker hat jedenfalls Anzeichen dafür erkennen lassen, dass in den seltensten Fällen wirkliche Interaktionen stattfinden. Es schaut so aus, als würde die Präsenz lediglich zur Darstellung eigener Standpunkte und Leistungen genutzt werden gleich einem Artikel in den Printmedien, der direkte Austausch mit den Bedürfnissen und Interessen der Bürgerinnen und Bürger abseits der selbst vorgegebenen Standpunkte, die bestenfalls verteidigt werden, ist hingegen etwa in Form einer Reaktion auf einzelne Meldungen von Bürgerinnen und Bürgern kaum zu beobachten.

Eine Betrachtung dieser Entwicklungen im kommunikativen Bereich der Bürgerinnen und Bürger legt ein weiteres

Indiz dafür offen, dass die Transparenzfrage und die Macht-
frage zentrale Angelpunkte im demokratischen Gefüge darstellen. Bürgerinnen und Bürger drängen in jenen Fällen,
in denen ihre Bedürfnisse unbeachtet bleiben, nicht wie in
anderen Staatsformen primär nach Substitution der eigenen Interessen durch normativ geduldete Alternativen,
sondern nach Herbeiführung eines Machtausgleiches. Es
kommt zu Demonstrationen, Petitionen und ähnlichen
Zusammenschlüssen in Teilgesellschaften gleicher Interessenlage, wobei die auch von Thimm und Bürger (2013,
S. 301) beschriebene Nutzung von Social Media diese Entwicklung einer partizipatorischen Revolution begünstigt.
Die dabei bestehende Gefahr für das demokratische System
liegt darin, dass eine von Schwarz (2010, S. 83) als Seelen-
konto beschriebene Dynamik zu einem Ausgleich nicht nur
in der eigentlichen Interessenfrage führt, sondern die Bürgerinnen und Bürger in jenem Moment, wo sie das Gefühl
der Erreichung des Machtausgleiches zu den politischen
Funktionsträgerinnen und Funktionsträgern erlangt haben,
gleichsam zur Abrechnung über all jene Interessen tendieren, die sie unter das Gemeinwohl in Form des von den
gewählten Mandatarinnen und Mandataren geschaffenen
Normensystems bislang zurückgestellt haben. Es tritt damit
ein Organisationskonflikt zutage, welcher oftmals zwar begleitet wird von der Forderung nach dem Austausch einzelner Akteurinnen und Akteure, auf dieser Interventionsebene
allerdings kaum transformierbar ist (Schwarz 2010, S. 334).
In Kombination mit den Medien der Web –2.0-Generation
erkennt Weichert (2013, S. 56) eine weitere Dimension in
dieser Dynamik: Es kommt zu einer Verlagerung der Vor-
herrschaft betreffend die Meinungsbildung und Identitäts-

pflege als Gesellschaft weg von der politischen Elite eines Landes hin zur Gesellschaft, da sich die politischen Wirklichkeiten zunehmend der Kontrolle durch die politischen Akteurinnen und Akteure entziehen. Ein Beispiel für diese Symptomatik kann in den zahlreichen Aufrufen zum kollektiven Ungehorsam über Social Media erblickt werden, die binnen weniger Stunden zahlreiche Likes beziehungsweise Followers bekommen.

Ein Spezifikum, das bei politischen Konflikten zu beobachten ist, ist aufgrund der stets präsenten Betroffenheit der Wertevorstellungen aller Beteiligten die auch in der Metaebene von Kommunikation spürbare sehr hohe Emotionalität. Diese bedingt auch, dass das politische Hirn des Menschen in diesem Kontext eine äußerst geringe Ambiguitätstoleranz aufweist: Wie in der von Westen (2012, S. 9 ff.) zusammengefasst wiedergegebenen Studie auch wissenschaftlich bereits bewiesen werden konnte, neigt das menschliche Hirn hier nämlich dazu, Widersprüche in der jeweiligen Konstruktion von Wirklichkeit dort, wo diese unerwünscht sind wie etwa bei der politischen Partei oder dem Verband, dem man sich zugehörig fühlt, selbst aufzulösen. Daher ist auch damit zu rechnen, dass blinder Angriff und blinde Flucht im Zusammenhang mit politischen Konflikten die vorherrschenden Konfliktverarbeitungsmuster sind und eine konsensuale Vereinbarung nur erreicht werden kann, wenn ein verstärktes Augenmerk auf die Achtsamkeit gelegt wird. Hier liegt im systemischen Zusammenhang aller Akteurinnen und Akteure aber eine gewisse Gefahr: Gelingt es den politischen Parteien nicht, die Individuen durch Änderung in der eigenen Agitation zur Achtsamkeit zu begleiten, so wird jener Mitbewerber beziehungsweise jene Mitbewerberin, der beziehungsweise die weiterhin auf Emotionalität setzt, die Oberhand gewinnen, selbst wenn damit ein den Bedürfnissen des Einzelnen widersprechendes Ergebnis erzielt wird.

Nicht vergessen werden darf bei der Analyse der politischen Kommunikation und ihrer Wirkung im demokratischen Gefüge, auf die Überlegungen zur sogenannten symbolischen Kommunikation hinzuweisen. Politik als Symbol einer Gesellschaft wird auch durch die dazugehörige symbolische Kommunikation geprägt. In ihr kommen neben der verbalen Interaktion Symbole zum Einsatz, die integrativ, erklärend, emotional bindend, einprägsam und Ordnung stiftend zugleich wirken: Das Flusspferd mit einem zerknüllten Geldschein im Maul als Versinnbildlichung des Debakels rund um die Hypo Alpe Adria Bank International, das Sparschwein als Aufruf zur Budgetdisziplin oder die Tafel als Zeichen der Belehrung sind hier nur einige aktuelle Beispiele, wie sie im österreichischen Nationalrat eingesetzt werden. Wird die symbolische Kommunikation allerdings nicht gepflegt, so können ihre Instrumente durch Überlagerung mit zur ursprünglich zugeschriebenen Bedeutung unterschiedlichen Konnotationen verwässert oder im schlimmsten Fall sogar pervertiert werden, was zu schwerwiegenden Störungen in der Kommunikation führt.

Zusammenfassend kann festgestellt werden, dass politische Kommunikation stark von Symbolik und den Schwierigkeiten der Auseinandersetzung mit dem Individuum und seinen Interessen geprägt ist. Für die Beantwortung der Frage, ob unsere Demokratie Mediation braucht, bedeutet dies, dass infolge der Bedeutung von Kommunikation auch für den Prozess demokratischer Aushandlung weitere Indizien dafür vorliegen, dass in Methode und Haltung der Mediation ein Mehrwert für die Demokratie erblickt werden kann, zumal auch die Mediation in unserer kulturellen Ausprägung (anders als etwa in Bali) stark auf den Einsatz von Kommunikation zur Transformation von Konfliktenergie fokussiert ist (vgl. Klappenbach 2011).

Vorschläge für weiterführende persönliche Gedanken:

* *Wann haben Sie sich zuletzt missverstanden gefühlt? Wie sind Sie damit umgegangen?*
* *Auf welche Weise haben Sie zuletzt mitgeteilt, dass Sie sich übergangen fühlen?*
* *Welche Möglichkeiten sehen Sie, Missverständnisse zu vermeiden?*
* *Welche Möglichkeiten sehen Sie, dass bei neuen Gesetzen die Interessen aller Berücksichtigung finden?*
* *Was können Sie dazu beitragen?*

Mediation als Haltung im Vergleich zur Haltung in der Demokratie

Feindt (2010, S. 12) betrachtet Politikverständnis und praktische Politikfähigkeit als Essenzialien der Haltung in der Politik. An die Rolle eines Funktionärs beziehungsweise einer Funktionärin im demokratischen Gefüge ist dabei in Anlehnung an Ueberhorst die Anforderung zu stellen, neben einem dem Wesen der Demokratie ebenso inhärenten Wettstreit mit dem politischen Mitbewerber beziehungsweise mit der politischen Mitbewerberin in

ebensolchem Maß auch auf die Gemeinsamkeit im Bestreben um die Erhaltung der Voraussetzungen für eine allseitig
gewinnbringende Transformation von Konfliktenergie zu
achten. Dazu sei eine Handlungsorientierung in vier Dimensionen erforderlich:

1. die Betrachtung politischer Aufgabenstellungen in einer
   Weise, welche mehrere Optionen zulässt,
2. die Festlegung von Parametern und Indikatoren zur Bewertung von Lösungswegen,
3. das Ausmachen von Entscheidungsnotwendigkeiten
   auch unter Berücksichtigung der zeitlichen Komponente
   und schließlich
4. die Beachtung demokratischer Wege zur Entscheidungsfindung bei möglichst weitreichender Partizipation.

Es ist diesem Ansatz insoweit zuzustimmen, als in einem
Umkehrschluss fehlendes Verständnis zu den zu behandelnden Sachverhalten, ein Zuwenig an Verhandlung über
mögliche Optionen, das Außerachtlassen von zeitlichen
Bedürfnissen und ein Ausschluss betroffener Gruppen dem
Wesen von Demokratie widersprechen und damit mit der
systemimmanenten Haltung unvereinbar sind. Allerdings
kommt hier die Betonung auf die Berücksichtigung von
den in der Gesellschaft geborenen Interessen und Bedürfnisse ebenso zu kurz wie das Bekenntnis zur Achtung der
Eigenständigkeit des Individuums.
   Mediation bedingt die Einsicht der Unabdingbarkeit der
Bezogenheit des Menschen auf seine Mitmenschen. Die im
Mediationsprozess befindlichen Menschen nehmen dabei
mit Unterstützung des beziehungsweise der nur begleiten-

den, nicht aber hervortretenden Mediators beziehungsweise Mediatorin jene Haltung ein, die dem Mediationsprozess
zum Erfolg verhilft: Auf Basis der außer Streit gestellten unverhandelbaren ethischen Werte der Menschenrechte wird
einander geholfen, die voneinander gemachten Bilder zu
verflüssigen und dabei die Wirklichkeit als gemeinsamen
Ansatz zu definieren, in dem sich Menschen im Anderssein
gleichen und im gegenseitigen Respekt für diese Diversität
auf dem Weg zu gemeinsamen Zielen unterstützen. Mediation ist somit als Haltung geprägt von

1. äquidistanter Nähe zu den Mitmenschen und
2. Achtsamkeit sich selbst und seinem sozialen Umfeld
   gegenüber,
3. der Kompetenz zu wertschätzender Kommunikation
   und
4. dem Sinn für Gerechtigkeit und Freiheit in gemeinsam
   zu definierenden Dimensionen, die durch
5. konsensuale Verhandlungen
6. unter Einbezug der allseitigen Bedürfnisse und Interessen
7. in Wahrung der Eigenverantwortung

zum Ausdruck gebracht werden.
   Im Idealfall entspricht also die demokratische Haltung
der Haltung der Mediation jedenfalls in ihrer Grundein-
stellung: von Wertschätzung getragen – in diesem Zusammenhang zitiert Watzke (2011, S. XII) Augustinus „Dilige
et quod vis fac!" –, kommunikativ – wobei hier ein sys-
temisches Grundwissen über das Funktionieren von Kommunikation als vorausgesetzt anzusehen ist (vgl. Milton

H. Erickson, Gregory Bateson und Schulz von Thun) –, Bedürfnisse erkennend, benennend und berücksichtigend, auf Eigenverantwortung setzend und diese fördernd. Auch Duss-von Werdt (2011, S. 30 ff.) sieht in beiden Anwendungsfeldern die Eigenverantwortung als zentrales Element, das es gilt, in einem wertschätzenden und die Freiheit zur Eigenverantwortung der anderen respektierenden Miteinander zur konsensualen Lösungsfindung beziehungsweise Zielerreichung einzusetzen.

Die der Mediation als anzustrebende Idealvorstellungen bekannten Elemente der Allparteilichkeit und der Freiwilligkeit bedürfen einer näheren Betrachtung: Hat in einer Demokratie, welche seitens der Politik auf einem Mehrparteiensystem aufsetzt, Allparteilichkeit Raum? Ist Freiwilligkeit eine realisierbare Dimension? Wie so oft bei einander scheinbar widersprechenden beziehungsweise einander sogar scheinbar ausschließenden Gegensatzpaaren liegt bei näherer Betrachtung auch hier eine gemeinsame Grundlage klar vor: Allparteilichkeit im demokratischen Kontext der Nikomachischen Ethik folgend ist als Gebot der Nichtdiskriminierung zu verstehen: Geschlecht, Herkunft, Alter, Bildung und zahlreiche andere Unterscheidungsmerkmale von (zu Gesellschaftsteilen zusammenfassbaren) Individuen müssen auch in der Demokratie aus dem Blickwinkel einer Allparteilichkeit heraus betrachtet werden. Sehr deutlich wird dieser Konnex im Wahlspruch der französischen Revolution mit „liberté, egalité, fraternité". Auch die Freiwilligkeit ist nicht nur hinsichtlich der Rollenübernahme des einzelnen Individuums im demokratischen Zusammenspiel als Grundvoraussetzung gegeben, sondern ebenso hinsichtlich der Freizügigkeit etwa im Rahmen der Niederlassungsfreiheit

– wenngleich Letzteres in der Asylpolitik und der Politik der Aufenthalts- und Arbeitserlaubnis in den meisten Staaten einer Einschränkung unterworfen wird. Allparteilichkeit bedeutet dabei keinesfalls Wertefreiheit, wie es etwa von Krondorfer (2012, S. 125 ff.) provokant geschlussfolgert wird: Ganz im Gegenteil setzt Allparteilichkeit sowohl im demokratischen als auch im mediativen Kontext ein sehr gefestigtes Werteverständnis voraus, das es dabei zulässt, scheinbar widersprechenden Vorstellungen Toleranz zu zollen beziehungsweise Gemeinsamkeiten auf der individuellen Bedürfnisebene zuzugestehen in einer äquidistanten Sichtweise. Weder Mediation noch Demokratie verfolgen den Ansatz der Vereinheitlichung von Wertesystemen, sondern setzen vielmehr auf der darauf aufbauenden Ebene der individuellen Selbstverwirklichung an.

Bei all diesen Gemeinsamkeiten zwischen Mediation und Demokratie in der Idealvorstellung der Haltung der einzelnen Akteurinnen und Akteure stellt sich die Frage, inwieweit sich damit nicht auch die Frage erübrigt, inwiefern unsere Demokratie Mediation braucht. Es scheint tatsächlich auf den ersten Blick, als seien hier ohnehin lediglich die Begrifflichkeiten unterschiedlich, die Wirkungsintentionen jedoch gleich. Allerdings ist ein bedeutender Unterschied darin auszumachen, dass Demokratie zum System wurde, an das Verantwortung der einzelnen Akteurinnen und Akteure abgegeben wurde, während Mediation auch in der Begrifflichkeit des abstrakten Verfahrens unverändert zur Begrifflichkeit der Haltung die Eigenverantwortlichkeit betont und damit die Übertragung von Entscheidungsrechtfertigungen an eine vom Individuum losgelöste Instanz ausschließt. Durch eine Vielzahl an Regeln, die einen durchaus positiven Begleiteffekt der Praktikabilität und Transparenz herbeizuführen vermochten, wurde der demokratische Haltungsansatz durch ein theoretisches System zunehmend verdrängt: Am deutlichsten sichtbar wird das etwa an den Abstimmungsquoren, wonach eine Mehrheit über eine Minderheit beschließen kann und damit Opfer des Systems hervorbringt, deren Interessen in den Beschlüssen keine automatisch sichtbare Berücksichtigung finden. Es wird damit zwar der Aushandlungsprozess zu als erforderlich betrachteten Normen deutlich verkürzt, dabei bleibt allerdings das demokratische Bestreben nach konsensualen Lösungen auf der Strecke; Demokratie selbst dient dafür als Rechtfertigung – entgegen ihrem Wesen. Es wird dabei Raum geschaffen für Kompromisse als Mehrheitsbeschaffungsinstrumente. Mediation hingegen schafft es somit, dem mit der demokratischen Haltung gemeinsamen Ansatz in diesem Bereich weiter Raum zu geben und die Beachtung der Grundsäulen dabei auch stets einzufordern. Ein Ansatz, der Demokratie dabei helfen kann, zu den eigenen Wurzeln zurückzufinden; und dabei auch ein Weg, der die Gesellschaft, deren Teile sich abwechselnd und wiederkehrend in der Rolle der Minderheit finden, aus der Rolle der Leidtragenden herausbegleitet hin zu eigenverantwortlicher Partizipation.

Vor diesem Hintergrund und bei Berücksichtigung des Umstandes, dass der Einsatz der Instrumente in einer auf Herrschaft basierten Demokratie und einer auf Macht gründenden Demokratie vor allem in der Motivlage der Akteurinnen und Akteure grundverschieden nicht nur in der Ausstattung und den Auswirkungen, sondern auch in seiner Nähe zu Mediation als Konflikttransformationsinstrument ist, erscheint es ein der Emanzipation der Gesellschaft und des Individuums, ohne dabei die Politik in ihrer Bedeutung zu beschneiden, dienlicher Weg zu sein, Mediation verstärkt in der Demokratie zu implementieren. Zu deutlich ist nämlich die Parallele zwischen Herrschaft und Delegation als Konfliktlösungsmuster auf der einen Seite des Spektrums gegenüber Macht und eigenständigem Bemühen um konsensuale Normengebung auf der anderen Seite, als dass man dies übersehen dürfte. Während eine auf Herrschaft setzende Spielart der Demokratie auf ständige Utilisation von zum Teil in konstruierten Zusammenhängen auftretenden Ängsten der Menschen setzt, um damit eine systemimmanente Bedeutung der Akteurinnen und Akteure zu erhalten und dabei selbst in Kauf nimmt, eine Abhängigkeit des Individuums und der Gesellschaft zu suggerieren – Nestroy hat dies mit „Alle Macht geht vom Volke aus, um nie wieder dorthin zurückzukehren." überspitzt beschrieben –, geht es in der machtbasierten Demokratie viel deutlicher um Bedürfnisorientierung, die für ein wachstumsfreundliches Klima konsensuale Rahmendefinitionen braucht. Das Individuum braucht, wie bereits im Zusammenhang mit der oben dargestellten Entwicklung zur Moderne ausgeführt, einen sicheren Rahmen für Wachstum, welcher im Optimalfall als Aushandlungsprozess in Eigenverantwortung geschaffen wird. Dies ist zweifelsohne auf den ersten Blick ein mühsamerer Weg gegenüber einer simplen Delegation an einen Herrscher beziehungsweise eine Herrscherin, der beziehungsweise die in der modernen Demokratie oftmals nur scheinbar auf den Grundsätzen einer legalen Herrschaft nach Max Weber aufbaut, sondern immer wieder Elemente des charismatischen Herrschaftstypus in sich trägt, der stark an eine abstrakte Werteorientierung statt des individuellen Freiraums der Moderne erinnert. Er bedeutet einen intensiveren Austausch zwischen den Akteurinnen und Akteuren, bedeutet damit eine komplexere Ausgestaltung der demokratischen Strukturen – dafür aber darf erwartet werden, dass Individuum, Gesellschaft und auch Politik ein wachstumsfreundlicheres Umfeld schaffen, welches sozialem Frieden dient und auch Kraft gibt, bestehende Tabus konsensualen Lösungen zuzuführen.

Vorschläge für weiterführende persönliche Gedanken:

* *Wo sehen Sie Gemeinsamkeiten zwischen Mediation und Demokratie?*
* *Haben Sie schon einmal Mediation in Anspruch genommen, um auch in einem ausweglos erscheinenden Streit eine für alle faire Lösung zu erreichen?*
* *Wo sehen Sie Möglichkeiten, dass Mediation unserer Gesellschaft hilft?*

Symbolik in der Demokratie

Im Alltag treffen wir immer wieder auf Symbole, denen die ungeheure Kraft eines sprachüberschreitenden Verbindungsglieds zugesprochen wird. Nicht zu Unrecht. Denn immerhin kann mit Symbolen rasch eine gemeinsame Identität geschaffen werden, ein gemeinsames Erlebnis aussagekräftig zusammengefasst oder ein komplexer Sachverhalt vereinfacht dargestellt werden. Auf der gesamten Welt wird etwa ein Foto von den einstürzenden Twin Towers in New York – ohne weitere Worte verlieren zu müssen – an denselben Tag, den 11. September 2001, erinnern und Verbindungen zu sehr individuellen Gedanken und Emotionen wie auch gesellschaftlichen Haltungen hervorkehren. Symbole bieten in ihrer Gesamtheit des Einsatzes durch eine Gesellschaft somit auch Einblick in die Kultur derselben: Sie wirken als Ausdruck nach außen wie auch als Motiv nach innen.

Symbole haben darüber hinaus auch eine stark integrierende Wirkung. Sie stehen zwar beispielsweise für ein Ereignis, überlassen es dabei allerdings dem beziehungsweise der Einzelnen, daraus individuelle weiterführende Konnotationen abzuleiten, die der eigenen Werteordnung entsprechen. Was einerseits als Gratwanderung zu Missverständnissen verstanden werden kann bei zu wenig ausgeprägter Kraft der Symbolik in Verbindung zum intendierten Ausgangspunkt, lässt andererseits Raum für eine Integration des damit verbundenen Kulturbestandteils in die eigene Selbstverwirklichung. Um diese integrierende Funktion zu betonen, bedarf es einer achtsamen Symbolpflege und einer Abstinenz von der noch so verlockenden Möglichkeit, Sachfragen durch Wert-, Beziehungs- und Personenfragen zu überlagern, Gebrauch zu machen. Eine solche Ablenkung mag zwar kurzfristig tatsächlich über die Bedeutung einer Sachfrage für die Interessen der Adressatinnen beziehungsweise Adressaten hinwegtäuschen, bereits mittelfristig wird eine solche missbräuchliche Verwendung von Symbolen allerdings die integrierenden Möglichkeiten zunichtemachen. Auch wenn etwa der Gewinn der Fußballweltmeisterschaften 2014 in Brasilien für Deutschland einen starken symbolischen Wert der Geschlossenheit im Gefühl von Stolz und Freude in der ganzen Nation verbreitet hat, wäre es nur von kurzfristigem Erfolg gekrönt, diese Harmonie übergangslos auf sachfremde Streitthemen übertragen zu wollen.

Es überrascht daher nicht weiter, dass auch in der Politik Symbole verstärkt eingesetzt werden. Immerhin ist auch hier ein weitreichendes Betätigungsfeld für die Vermittlung von Sinnfragen, die durch Symbole leichter erschließbar sind als durch erklärende Worte. Bereits vor dem Parlament als Sitz der gesetzgebenden Kraft Österreichs ist ein deutliches Symbol auszumachen: die Pallas Athene, eine griechische Gottheit und somit ein Symbol mit denselben Wurzeln, wie sie auch unsere Demokratie hat. Sie überragt im von Theophil Hansen entworfenen Brunnen die vier liegenden Figuren, welche die wichtigsten Flüsse Altösterreichs allegorisch darstellen und damit das Bundesgebiet versinnbildlichen ebenso wie die über den geografischen Darstellungen befindlichen Frauenfiguren, die zwei der säulengebend für die Demokratie stehenden Kräfte, das heißt Legislative und Exekutive, darstellen. Nachdem der Pallas Athene als griechischer Gottheit neben der Kampfeskunst auch die Weisheit und die Strategie zugeschrieben werden, wird darin das Symbol dafür gesehen, dass die Weisheit der Gesellschaft als sich über das gesamte Bundesgebiet legender gemeinsamer Geist über die Staatsfunktionen wacht.

Durch die zunehmende Nutzung der Instrumente der Web-2.0-Generation verwischen allerdings die als Mittel der politischen Kommunikation eingesetzten Symbole, wie etwa die in Fernsehkonfrontationen eingesetzte „Tafel" als Werkzeug zur vereinfachten Darstellung komplexer

Bestandteile einer Botschaft, zunehmend. In verschiedenen Mutationen, die erstellt und verbreitet werden, verwässert der ursprünglich konnotierte Gedanke, und die vermittelten Inhalte erfahren eine Veränderung, wenn nicht sogar eine Pervertierung. Damit muss auch der Frage Bedeutung geschenkt werden, inwieweit Symbole noch nachhaltig eingesetzt werden können zur Unterstützung einer gesellschaftsfördernden Bildung von Zusammengehörigkeitsgefühlen zu politischen Fragestellungen oder ob ein postsymbolisches Zeitalter zu eröffnen ist.

In Unterscheidung zur vereinzelten Verwendung von Symbolen in der Politik hat sich in der Literatur, auch nachzulesen bei Sarcinelli (2011, S. 138 ff.), der Begriff der symbolischen Politik als strategische Form des Einsatzes von Symbolen zur Vermittlung politischen Geschehens entwickelt. Es werden dabei vier Merkmale der Verwendung von symbolischer Politik unterschieden: die Signalfunktion zur Erweckung von Aufmerksamkeit mit ordnungsstiftenden Elementen, die Funktion der Reduktion komplexer Informationen, die nachhaltige Vermittlungsfunktion von Bedeutungen und schließlich die Emotionalisierungsfunktion zwecks Erreichung von Bindung.

Auf letztere Funktion setzt auch Goffmann (1979, S. 49) auf, welcher Interaktion generell, so auch im politischen Kontext, als eine bewusste Rahmengebung zur Darstellung der eigenen Subjektivität beschreibt: Interaktionspartnerinnen und Interaktionspartner stellen dabei das Publikum dar, dem ein Bild von sich selbst in den Dimensionen des Fühlens, Wollens und Wahrnehmens suggeriert werden soll. Es gilt also in der politischen Darstellung, in den Wählerinnen und Wählern generell das Bild der auftragsgemäßen ständigen Erneuerung des gesellschaftlichen Rahmens zur Ermöglichung gesellschaftlichen Wachstums bei gleichzeitig gegebener Freiheit für individuelle Entfaltung in friedensgebender Stabilität durch Ordnung der Vielfalt zu erhalten. Im Speziellen soll dabei aber auch die Wahrheit konstruiert werden, nach welcher die einzelne Funktionärin beziehungsweise der einzelne Funktionär im Vergleich zu den anderen Akteurinnen und Akteuren auf der politischen Bühne den Idealfall der demokratischen Vertretung der Gemeinschaft darstellt. Der symbolische Interaktionismus bedient sich dabei zum Schutz der mit dem Postulat der Darstellung der wahren Identität präsentierten subjektiven Wahrheit seiner selbst verschiedener Mechanismen und Rituale: Mit protektiven Manövern und Fiktionen werden Bedrohungen neutralisiert und überspielt, in korrektiven Prozessen im aktiven Widerstreit mit der festgemachten Quelle wird ein beschädigtes Image wieder hergestellt.

Der Begriff der symbolischen Politik wird dabei allerdings meist negativ konnotiert und beschrieben in seiner extremen Erscheinungsform, bei der lediglich durch Vertrauen spendende Rituale und Symbole, die zwecks Erlangung der Legitimität eingesetzt werden, die Absicht verschleiert wird, an den Interessen der Bürgerinnen und Bürger vorbeizuherrschen. Dabei wird allerdings übersehen, dass Demokratie und Gesellschaft als nicht fassbare Institutionen zu ihrer Wahrnehmbarkeit Symbolen bedürfen. Natürlich gibt es zwischen diesen beiden Polen der Definition symbolischer Politik eine graduelle Abstufung zwischen dem mit ihr verfolgten Ansatz der politischen Täuschung und jenem der angemessenen politischen Information, die es allerdings im Einzelfall aufzudecken gilt.

Wahlkampf, die Abhaltung von Wahlen, die in vorliegendem Buch näher beleuchteten öffentlichen Sitzungen des Nationalrates, Volksbefragungen, Volksbegehren, medienwirksame Auseinandersetzungen zwischen Parteien und auch zwischen einzelnen Abgeordneten sind somit aus dieser Perspektive auch als Rituale zur Versinnbildlichung des Wesens von repräsentativer Demokratie zu verstehen. Auch der Konflikt zwischen einzelnen Akteurinnen und Akteuren kann als Akt symbolischer Inszenierung betrachtet werden. Inwieweit hinter dieser Inszenierung allerdings tatsächlich die Intention einer Veranschaulichung und Begreifbarmachung der ehrlichen Auseinandersetzung auf Grundlage der Bedürfnisse und Interessen des Gemeinwesens mit der Zielsetzung einer Rahmenschaffung zum Zwecke des Gemeinwohls steckt oder doch im anderen Extrem ein reiner Placebo-Effekt für die in Wahrheit von der Partizipation ausgeschlossene Bevölkerung erzielt werden soll, das muss im Einzelfall durch eine eingehende Analyse herausgefunden werden. Ein Konflikt, der in einer Sitzung des Nationalrates in seiner äußeren Erscheinungsform beobachtet werden kann, muss somit nicht zwangsläufig darauf schließen lassen, dass er zwischen den beteiligten Akteurinnen und Akteuren auch als solcher empfunden wird. Unbeschadet der allfälligen stellvertretenden Übertragung seiner Erscheinungsform auf die Gesellschaft im Wege eines perzipierten Konflikts (Glasl 2011, S. 199) als eventuell unbedachtem gesellschaftlichen Kollateralschaden kann nämlich dahinter auch nur ein unsubstanziiertes Schauspiel stecken, mit dem lediglich der Öffentlichkeit die ernsthafte Verfolgung der Interessen der einzelnen Wählergruppen auf emotionaler Ebene suggeriert werden soll.

Im Zuge der Auseinandersetzung mit der Bedeutung von Symbolik im institutionellen Gefüge der Auseinandersetzung des Nationalrates mit aktuellen Themen der Gesellschaft kommt man außerdem nicht umhin, sich auch mit der Bedeutung der räumlichen Ausgestaltung des Ortes der publikumszugänglichen Interaktion zwischen den politischen Akteurinnen und Akteuren zu beschäftigen. Folgt man Herbert Döring (1995, S. 279), so kann aus der Anordnung der Sitze der Abgeordneten im geometrischen Gefüge mit der Tendenz zum Kreis oder zum Rechteck geschlossen werden auf die Anlegung der Konfliktaustragung im Wechselspiel der politischen Kräfte einerseits und der Gesellschaft andererseits.

Die Bedeutung des räumlichen Settings für den Ablauf interaktionsbasierter Ereignisse wird auch von Gundlach (2013, S. 290) als bedeutsam gesehen. Er erkennt beispielsweise in der räumlichen Anordnung der einzelnen Akteurinnen und Akteure zueinander, aber auch in der dabei von der einzelnen Person eingenommenen Körperhaltung, welche durch Sessel und Tische vorgegeben wird, Auswirkungen auf die Beziehungsgestaltung, die Beziehungsstruktur, die Kommunikationsform und damit schlussendlich den Verhandlungsablauf. So macht es einen Unterschied, ob die einzelnen Akteurinnen und Akteure hinter einem Tisch oder ohne mobiliare Absperrung zueinander sitzen oder stehen und ob die Positionierung zueinander im Kreis(-segment) oder einander gegenüberliegend erfolgt. Je nach Setting wird Spannung oder Entspannung, Miteinander oder Nebeneinander, Arbeitsatmosphäre oder Austausch, Offenheit oder Rückzugsmöglichkeit begünstigt. Erkenntnisse, die im mediativen Alltag längst schon Einzug gehalten haben und entscheidende Faktoren eines gelingenden Prozesses der

Aushandlung von verschiedenen Interessen auf dem Weg zu einer gemeinsamen Zielerreichung betreffend abzuhandelnde Themen darstellen. Es ist hier bereits lange gelebte und beachtete Realität, dass die äußere Sozialform in den diversen etwa von Knoll (2007, S. 95 f.) beschriebenen Anordnungen von Sesseln und Tischen nicht nur zum Ausdruck kommt, sondern als Zeichen der Sozialarchitektur auch in eine gewünschte Richtung der Kommunikationsstrukturen und Verhandlungsführung förderlich wirken kann.

Symbole und symbolische Wirkungen können also Beobachtungen im politischen Kontext unter Umständen eine andere Bedeutung geben können, als dies zunächst den Anschein erweckt. Will man empirische Erhebungen einer Analyse unterziehen, so wird auf diesen Umstand Rücksicht zu nehmen sein. Bereits aus der theoretischen Annäherung an eine Beantwortung, inwieweit Mediation einen Mehrwert für Demokratie bringen kann, lässt sich jedoch erschließen, dass symbolische Demokratie mit zunehmender Affinität zu einem mit ihr verfolgten Ansatz der politischen Täuschung mediative Ansätze zur Wiedererlangung des demokratischen Grundgedankens gut vertragen kann im Hinblick auf die Wiederherstellung des bereits dargestellten untrennbar mit Demokratie verbundenen Transparenzbedarfs.

Vorschläge für weiterführende persönliche Gedanken:

* Was haben Sie am 11. September 2001 gemacht? Was am 17. Oktober 2002?
* Welche Symbole kennen Sie, welche über Sprachgrenzen hinweg eine gemeinsame Bedeutung haben?

> ❖ *Welche Einsatzmöglichkeiten für Symbole sehen Sie, was begünstigen Sie damit?*
>
> ❖ *Welche Möglichkeiten sehen Sie, zu hinterfragen, was mit einer Handlung, einem Gegenstand oder Worten gemeint ist?*

Zusammenfassung

Ausgehend von Arnims Befundaufnahme (oben S. 4 und 5), dass die Produkte unserer Demokratie auf keine Legitimität mehr durch die Gesellschaft aufbauen, wurde in den vorstehenden Kapiteln der Frage nachgegangen, wie wir Demokratie in ihrer aktuellen Verfasstheit im Alltag erleben und wie Demokratie eigentlich konzipiert ist. Dabei wurde in der Demokratie einerseits jene Staatsform ausgemacht, die von ihrer Konzeption her den Anforderungen des modernen Menschen an den Staat als institutionalisierte Plattform am ehesten zu genügen vermag: Ihr geht es um eine partizipative und eigenverantwortliche Aushandlung gemeinschaftlicher Rahmenbedingungen, bei denen die Anforderungen an eine freie individuelle Entfaltungsmöglichkeit ebenso berücksichtigt werden wie das Bedürfnis nach rahmengebender Sicherheit durch gerechte Eingriffe bei einander widersprechender Interessen in der Gesellschaft. Gleichzeitig wurde aber auch identifiziert, dass unter dem Begriff der Demokratie zahlreiche verschiedene Spielarten derselben gelebt werden, wobei eine zeitweilige Verwässerung der ursprünglichen Intention in einigen Varianten zu beobachten ist mit der Folge, dass zunehmend Instrumente der Gewalt oder der Manipulation eingesetzt werden, um noch eine Legitimierung der Politik herzustellen.

Konflikte sind dabei ein wesentliches Merkmal von Politik in der modernen Gesellschaft, zumal es nicht dem Wesen der Demokratie entspricht, Uniformität in den Bedürfnissen der Menschen herzustellen, sondern vielmehr unter Wertschätzung und Förderung des Individuums den passenden Sicherheit und Frieden spendenden Rahmen für die Möglichkeit der Integration divergierender Interessen zu schaffen. Verliert jedoch die Politik an Machtzuspruch, so drohen diese Konflikte, in der Gesellschaft ihre Energie in Zerstörung statt in das eigentlich ermöglichte Wachstum zu entfalten. Dies zeigt sich auch daran, dass bei immer mehr Menschen ein Abwenden von den Möglichkeiten der geordneten Partizipation in ihrer Minimalform der Wahlbeteiligung stattfindet und, wie bei Kurt, nur noch der Streit als Selbstzweck der Politikerinnen und Politiker wahrgenommen wird. Vieles spricht daher dafür, die in der Mediation gebräuchliche Haltung und einige der mediativen Instrumente in unsere Demokratie zu implementieren, um ihr auf den Weg der eigentlichen Zielsetzung zurückzuverhelfen.

3

Demokratie, wo wir sie erleben und wie sie verstanden wird

Auf der Suche nach der Wahrheit bedenke stets,
dass Du nie mehr als höchstens einige Seiten von
ihr finden wirst!

(Hans-Jürgen Gaugl)

Demokratie hat verschiedene Schauplätze, an denen wir sie ganz bewusst leben und erleben können: In der Familie, in der Schule, am Kinderspielplatz, im Verein, in der Hausgemeinschaft, in der Gemeinde, in konkreten Projekten, im Landtag, im Parlament und an zahlreichen anderen Orten finden wir Gelegenheiten, ihr Funktionieren zu beobachten und zu analysieren. Nachdem mit diesem Buch das Funktionieren von Demokratie im staatspolitischen Kontext einer näheren Erörterung zugeführt wird, sei hier der Fokus auf die primären Orte diesbezüglicher Agitation beschränkt, ohne dass dabei etwa die Familie oder die

Hausgemeinschaft als vernachlässigenswert oder minder interessant qualifiziert würden.

Der österreichische Nationalrat

In diesem Kapitel begleiten wir unseren Kurt an den Schauplatz des Symboles der im österreichischen Kontext gelebten Demokratie, das heißt in den Nationalrat. Dieser ist neben dem Bundesrat eine der beiden Kammern, in denen vor allem die bundesweit geltende Rechtsordnung Österreichs weiterentwickelt wird. Exemplarisch für das Funktionieren mitteleuropäischer Demokratien soll dabei mit den Augen eines interessierten Außenstehenden beobachtet und analysiert werden, wie Demokratie in der Gegenwart funktioniert und inszeniert wird. Der Blick wird hier nicht nur auf die beobachtbaren Interaktionen gelegt, sondern auch auf die Bedeutung des räumlichen Settings im Parlamentsgebäude und die Wirkung von in der Geschäftsordnung aufgestellten Schranken. Für ein abgerundetes Bild zu diesen Beobachtungen im parlamentarischen Prozess fließen als zusätzliche Hintergrundinformation auch die Ergebnisse einer Befragung der Abgeordneten des österreichischen Nationalrates zu deren Selbstverständnis hinsichtlich der Aushandlung von gesellschaftlichen Interessen während einer Plenarsitzung des Nationalrates in diese Bestandsaufnahme mit ein.

Dabei werden Sie, liebe Leserin, lieber Leser, begleitet, auch an einem klassischen Ort, an dem Demokratie gelebt wird, gemeinsam mit dem Autor zu prüfen, ob Mediation unserer Demokratie einen Mehrwert bringen kann. Dabei wird der Fokus gelegt auf

* die räumlichen Gegebenheiten. Diese werden durch eine Beschreibung der Regeln zur Sitzordnung und der baulichen wie ausstattungsseitigen Gegebenheiten des Raumes sowie der Einhaltung des räumlichen Settings während einer Nationalratssitzung am Beispiel der Sondersitzung des Nationalrates am 27. Juni 2013 erfasst mit der Fragestellung, welche Kriterien im räumlichen Setting für einen konsensualen Aushandlungsprozess öffentlicher Interessen vorgefunden werden können mit anschließender Diskussion vor dem Hintergrund des Zuganges der Mediation zu diesem Aspekt.

* das Prozedere, die zeitliche Gestaltung des Sitzungsablaufes. Hier werden die Bestimmungen der Geschäftsordnung des Nationalrates näher betrachtet mit einem Schwerpunkt auf die uns hier interessierende Frage: Welche Kriterien in den Spielregeln für eine Nationalratssitzung gibt es, und sind diese geeignet, die vielfältigen Interessen in der Gesellschaft auf dem Weg zu neuen Gesetzen ausreichend zu berücksichtigen? In einer Analyse der vorgefundenen Regeln werden wir dann gemeinsam überlegen, ob der Zugang der Mediation zu diesem Aspekt eine Bereicherung darstellen könnte.

* das Verhalten der Akteurinnen und Akteure. Gemeinsam mit Kurt beobachten wir einen Teil der Sondersitzung des Nationalrates am 27. Juni 2013 und stellen uns dabei die Frage, ob die vorgefundenen Kommunikationsstrukturen im Vergleich zu einer Mediation geeignet sind, den gesellschaftlichen Interessen konsensual in verbesserten gesetzlichen Rahmenbedingungen zum Durchbruch zu verhelfen.

* das Selbstverständnis der Abgeordneten zum Nationalrat
  in ihrer Rolle. Dazu werden Überlegungen angestellt, die
  auf den Ergebnissen einer jüngst angestellten Studie des
  Autors aufbauen.

Das räumliche Setting

Der Raum Beim Ort, der den Rahmen bietet, innerhalb
dessen die Akteurinnen und Akteure mit deren Aktionen
und Interaktionen beobachtet werden, handelt es sich um
einen großen Raum mit gläsernem Dach, der einem griechi-
schen Theater mit ansteigenden Sitzreihen in einem Kreis-
segment – die schwarzen Sessel jeweils hinter einer Tisch-
bank sind den Abgeordneten zugewiesen – gleicht. In den
Aufgängen zwischen den Bankreihen sind Saalmikrofone
angebracht. Die Wände, die einen zur Anordnung der Mö-
blierung passenden Halbkreis bilden, sind mit hellbraunem
Holz vertäfelt. An ihnen sind Lautsprecher angebracht. Auf
der untersten Ebene steht das elektrisch in der Höhe verstell-
bare Rednerpult, das im Zentrum des Raumes so aufgestellt
ist, dass die dahinterstehende Rednerin beziehungsweise
der dahinterstehende Redner den Abgeordneten zugewandt
ist; davor befinden sich seitlich versetzt kleine Tische, die
für jene Mitarbeiterinnen und Mitarbeiter der Parlamentsdirektion vorgesehen sind, die das stenografische Protokoll
und die offizielle Parlamentskorrespondenz erstellen.

  Die Ministerbank ist, in Opposition zu den Sitzreihen
der Abgeordneten, erhöht hinter dem Rednerpult angeordnet, dahinter – nochmals erhöht – das Präsidium.
Rechts vom Präsidium befindet sich ein Rednerpult für

die Berichterstattung beziehungsweise für die Namensver-
lesung bei namentlichen und geheimen Abstimmungen.
Links neben dem Platz der Präsidentin beziehungsweise des
Präsidenten sind die Plätze für jene Mitarbeiterinnen und
Mitarbeiter der Parlamentsdirektion, die die Präsidentin
beziehungsweise den Präsidenten bei der Vorsitzführung
unterstützen. Auf den genannten Plätzen ist jeweils ein
Tischmikrofon vorhanden. Hinter der Präsidentin befindet
sich eine mit derselben Holzvertäfelung, wie sie die Wände
aufweisen, verkleidete Doppeltür, über der ein großes öster-
reichisches Wappentier aus getriebenem Stahl aufgehängt
wurde. Links und rechts von der Ministerbank befinden
sich auf dem untersten Bodenniveau des Saales Plätze für
Mitarbeiterinnen und Mitarbeiter aus den Bundesministerien sowie für Klubbedienstete.

Gegenüber dem Präsidium gibt es in demselben Halb-
rund, in dem die Sitzreihen der Abgeordneten angeordnet
sind, über der hinteren gläsernen Türreihe zwei Galerien. In
der ersten Galerie befinden sich die Logen für das Staats-
oberhaupt, für Diplomatinnen und Diplomaten sowie für
Bundesrätinnen und Bundesräte. Zwei verglaste Logen stehen Radio und Fernsehen zur Verfügung, die beiden äußeren
Logen sind für Journalistinnen und Journalisten reserviert.
Die zweite Galerie verfügt über 180 Sitz- und 60 Stehplätze
und ist für Besucherinnen und Besucher bestimmt, die den
Verlauf der Nationalratssitzungen vor Ort verfolgen wollen.

Die Sitzordnung In der Geschäftsordnung des Bundesra-
tes ist im § 7 ausdrücklich geregelt, dass der Präsident im
Einvernehmen mit den Vizepräsidenten die grundsätzliche
Sitzordnung für den Sitzungssaal des Bundesrates festlegt.

Für den Fall, dass ein solches Einvernehmen nicht erzielt wird, hat der Präsident eine vorläufige grundsätzliche Sitzordnung vorzusehen und die Bundesräte, die derselben Fraktion angehören, haben im Rahmen der Sitzordnung eine Platzeinteilung zu beschließen, von der dem Präsidenten Mitteilung zu machen ist. In der Geschäftsordnung des Nationalrates (Bundesgesetz vom 4. Juli 1975 über die Geschäftsordnung des Nationalrates – Geschäftsordnungsgesetz 1975, im Folgenden kurz als Geschäftsordnung bezeichnet) ist eine solche ausdrückliche Bestimmung vergeblich zu suchen. Dennoch ergibt sich aus den Rechten und Aufgaben der Präsidentin beziehungsweise des Präsidenten des Nationalrates im Wege der interpretativen Auslegung dieselbe Kompetenz zur Entscheidung über die Sitzordnung unter Einbezug der Präsidialkonferenz.

Im Sitzungssaal können während einer Sitzung die 183 Abgeordneten zum Nationalrat anwesend sein, die in Wahlkreisen für die Dauer einer Legislaturperiode – die Wiederwahl ist zulässig – von den wahlberechtigten Bürgerinnen und Bürgern gewählt wurden. Darunter befindet sich auch die Präsidentin beziehungsweise der Präsident des Nationalrates, gewählt samt zwei Stellvertreterinnen beziehungsweise Stellvertretern vom Nationalrat aus seinem Kreis. Ebenfalls Platz ist vorgesehen für Mitarbeiterinnen und Mitarbeiter der Parlamentsdirektion in fest zugeschriebenen Aufgabengebieten wie etwa der Anfertigung des stenografischen Protokolls, die Mitglieder der Bundesregierung beziehungsweise Staatssekretärinnen und Staatssekretäre sowie Mitarbeiterinnen und Mitarbeiter der Bundesministerien und der Parlamentsklubs. In den vom Sitzungssaal baulich getrennten Galerien können der Bundespräsident samt Mitarbeiterstab, Diplomatinnen und Diplomaten, Bundesrätinnen und Bundesräte, Journalistinnen und Journalisten und von diesem Personenkreis ein weiteres Mal baulich getrennt Besucherinnen und Besucher angetroffen werden. Möchte Kurt vor Ort das Geschehen beobachten, so muss er auf die Galerie, von wo aus er einen guten Überblick über das Geschehen hat, allerdings baulich strikt getrennt ist von den Akteurinnen und Akteuren im Verlauf einer Sitzung.

Die räumlichen Zuordnungen werden von allen Akteurinnen und Akteuren eingehalten, es ist allerdings bei den Abgeordneten zu beobachten, dass diese zum Teil deutlich zu spät kommen, den Raum verlassen oder – aus den leeren Sitzen zu schließen – gar nicht anwesend sind. Die Aufrufe zur nächsten Wortmeldung führen – mit Ausnahme von Wortmeldungen zur Geschäftsbehandlung oder mit ausdrücklicher Genehmigung der Präsidentin – strikt zur Einnahme der Position hinter dem Rednerpult, wobei dieses zunächst von der Abgeordneten beziehungsweise vom Abgeordneten in der Höhe angepasst wird durch die Betätigung eines unter der Pultoberfläche befindlichen Schalters. Die Aufrechterhaltung der Ordnung im Sitzungssaal obliegt dem Präsidenten beziehungsweise der Präsidentin des Nationalrates, wobei zur Unterstützung bei dieser Aufgabe in der Regel je ein Abgeordneter oder eine Abgeordnete der im Nationalrat vertretenen Klubs gewählt wird. Auch Organe der öffentlichen Sicherheit versehen im Rahmen der von der Präsidentin beziehungsweise vom Präsidenten getroffenen Anordnungen ihren Dienst im Parlamentsgebäude und sind dabei etwa befugt, den Zugang zu bestimmten Personengruppen vorbehaltenen Logenplätzen zu kontrollieren.

Die Sitzordnung ist für einen Beobachter beziehungsweise einer Beobachterin nicht ohne weiteres ersichtlich, es
gibt etwa keine sichtbaren Namenstafeln auf den Bänken.
Diese kann allerdings von der Homepage des Parlaments
abgerufen werden (www.parlament.gv.at).

Diskussion der Ergebnisse Raum und Sitzordnung er-
lauben eine sehr klare Strukturierung und vermögen so
Sicherheit zu geben. Es gibt ein starres räumliches Korsett
mit strikten räumlichen Zuordnungen der einzelnen Handlungen und auch Personen, hinter dem ein funktionelles
Konzept der Trennung der einzelnen Akteurinnen und Akteure erkannt werden kann. Der Raum selbst ist dabei im
Grundriss geprägt von Kreiselementen, wobei die linearen
Strukturen jener Raumseite, auf der sich die Regierungsbank befindet, den abgerundeten Elementen der Abgeord-
netenbänke gegenüberstehen. Die Sitzzuordnung suggeriert
dabei eine Opposition zwischen Regierung und am Wort
befindlicher Person auf der einen Seite und den (übrigen)
Abgeordneten auf der anderen Seite. Dass in diesem Raum
eigentlich eine interaktive Aushandlung von gesellschaftlichen Interessen zwischen den Abgeordneten als Ausfluss
der legislativen Kraft der Demokratie stattfinden soll und
keine Konfrontation zwischen Regierung und Nationalrat
im Vordergrund steht, kommt räumlich weniger zum Ausdruck; dafür wird die Verantwortung – das letzte Wort –
gegenüber Meinungsäußerungen auch räumlich sichtbar.
Zur Auswirkung von räumlichen Settings auf gesellschaftliche Aushandlungsprozesse wird diese auch von Döring als bedeutsam gesehen. Er verweist dazu nicht zuletzt
auf die geschichtliche Entwicklung der Sitzordnungen als

Ausdruck der Herrschaftssymbolik (1995, S. 281): so sei etwa bei den Verhandlungen zum Westfälischen Frieden, der ja auch als eine frühe dokumentierte Erscheinung von Mediation im neuzeitlichen Europa gesehen wird, vom archaischen Typus der Platzierung der Delegierten in gegenüberliegenden Blöcken zur Linken (Adel) und zur Rechten (Geistlichkeit) des auf einem erhöhten Thron befindlichen Herrschers in einem rechteckigen Raum zugunsten eines runden Tisches abgegangen worden. Daraus schlussfolgert er, dass noch heute Konkurrenzdemokratien zu archaischen Sitzordnungen tendieren, während auf Proporz ausgerichtete Konsensdemokratien eine runde Sitzarchitektur pflegen. Letztere würde eingesetzt, um in zerklüfteten Gesellschaften im Wege des symbolischen Ausdrucks eine sozialen Frieden stiftende Wirkung zu erzielen.

Vor diesem Hintergrund fällt auf, dass der gegenständliche Raum eine Mischform aus den von Döring analysierten Konzepten darstellt: Zwar werden die Abgeordneten in einem Halbkreis nebeneinander angeordnet und damit eine Gemeinsamkeit über die Parteigrenzen hinweg symbolisch zum Ausdruck gebracht, allerdings werden durch die nicht nur räumlich gegenüberliegenden, sondern auch gestalterisch durch die Linearität der Strukturen abgegrenzten Raumteile für Regierung und Volk, das durch das Wappentier repräsentiert wird, konfrontative Elemente des archaischen Typus implementiert.

Hinsichtlich der Ausstattung mit Mikrofonen, die auf der Regierungsbank und beim Präsidium für jede einzelne Akteurin beziehungsweise jeden einzelnen Akteur vorgesehen ist, fällt aufseiten der Abgeordneten auf, dass hier nur in den Gängen zwischen den Sitzreihen und am Rednerpult entsprechende technische Vorkehrungen für Wortmeldungen getroffen wurden. Damit ist, anders als seitens der Regierung, die technische Ausstattung nicht prädestiniert für ein direktes Zwiegespräch zwischen mehreren Personen, da jeweils das Aufsuchen eines Raummikrofones oder des Rednerpultes erforderlich ist.

Das räumliche Setting kann somit nicht unbedingt als dialog- und diskursfördernd bezeichnet werden. Das in Opposition zu den Abgeordnetenbänken stehende Rednerpult allein lädt bereits dazu ein, dass die Einzelpersonen, denen das Wort erteilt wird, lediglich Standpunkte vortragen, was eine Verhärtung unterschiedlicher Positionen eher erleichtert und damit der konsensorientierten Auseinandersetzung mit den zu verhandelnden Interessen einen Bärendienst erweist. Der Plenarsaal lädt also zur Repräsentation von Standpunkten und bereits im Vorfeld allenfalls erzielten Verhandlungsergebnissen ein, nicht jedoch zum offenen Dialog. Die räumlichen Gegebenheiten ermöglichen zwar eine klare Struktur und vermögen damit einen sicheren Rahmen zu geben, wirken aber begünstigend auf eine Lagerbildung und eine Verfestigung von Standpunkten. Ein Wechsel der Perspektiven durch räumliche Flexibilität und ein Miteinander der demokratischen Staatskräfte Exekutive und Legislative wird räumlich mehr erschwert, denn gefördert.

Durch eine Anleihe bei der Mediation könnte im Setting der demokratische Gedanke mehr Raum bekommen: Mediation bietet hier psychologischen Erkenntnissen folgende Raumaufteilungen, die Dialog und Kreativität fördern und damit interessenbasierende konsensuale Lösungswege erschließen helfen.

Als ein Zwischenresultat kann daher festgehalten werden, dass die räumlichen Gegebenheiten des Nationalrates als erschwerend für eine Flexibilisierung bezogener Standpunkte betrachtet werden müssen und nur abseits des vorgesehenen Raumes, etwa in der Cafeteria, ein über den Austausch von Standpunkten hinausgehendes Gesprächsklima begünstigt wird.

Die zeitliche Ordnung und das Prozedere

Regeln der Geschäftsordnung Die Geschäftsordnung zum Nationalrat regelt im Detail das Prozedere parlamentarischer Tätigkeit hinsichtlich der vier klassischen Hauptaufgaben der Abgeordneten: der Beratung und Beschlussfassung der Bundes(verfassungs)gesetze, der parlamentarischen Kontrolle der exekutiven Gewalt, der aus politischer Sicht wenig öffentlichkeitswirksamen Mitwirkung an der Vollziehung des Bundes und schließlich der Mitwirkung an den rechtsetzenden Prozessen der Willensbildung auf Ebene der Europäischen Union. Hauptaugenmerk bei der Erfassung der Verfahrensbestimmungen der Geschäftsordnung wird im Folgenden auf jene Bereiche gelegt, die für die Abhaltung einer Sondersitzung zur Behandlung eines Dringlichen Antrags Anwendung finden sollen, zumal hierzu ja ein Bezug zu Beobachtungen hinsichtlich der praktischen Handhabung hergestellt werden soll.

Die Präsidentin des Nationalrates hat in § 13 der Geschäftsordnung ganz klar definierte Aufgaben: Sie hat über die Wahrung der Würde und der Rechte des Nationalrates, die Erfüllung der dem Nationalrat obliegenden Aufgaben und die Durchführung der Verhandlungen mit Vermeidung jedes unnötigen Aufschubes zu wachen. Sie ist dabei zuständig für die Einhaltung der Geschäftsordnung, was im Sinne des Grundsatzes der Rechtsstaatlichkeit so zu verstehen ist, dass zu jedem Akt des Nationalrates eine diesbezügliche gesetzliche Grundlage gegeben sein muss (vgl. auch Atzwanger 1999, S. 101). Sie hat ferner für die Aufrechterhaltung der Ruhe und Ordnung im Sitzungssaal zu sorgen. Sitzungen sind von ihr zu eröffnen und zu schließen, sie hat den Vorsitz zu führen und die Verhandlung zu leiten, wobei ihr zu diesem Zweck von der Geschäftsordnung die Instrumente der Worterteilung, der Zuweisung von bestimmten Verhandlungsgegenständen an die Ausschüsse, der Durchführung von Abstimmungen samt Ergebnisfeststellung, der Entfernung von Ruhestörern von Galerien und der Sitzungsunterbrechung eingeräumt werden. Die Präsidentin hat in der Präsidialkonferenz, die aus den drei Präsidenten und den Klubobmännern und Klubobfrauen beziehungsweise deren Vertretungen besteht, ein beratendes Organ zur Unterstützung in der Erfüllung ihrer Aufgaben zur Seite gestellt, welches in einigen Angelegenheiten wie etwa der Redeordnung und der Redezeitbeschränkung jedenfalls konsultiert werden muss. Unterstützt wird die Präsidentin ferner von Schriftführerinnen und Schriftführern sowie Ordnerinnen und Ordnern.

Zur Durchsetzung ihrer prozessführenden Befugnisse und Pflichten werden der Präsidentin die Instrumente des Rufes zur Sache, des Rufes zur Ordnung und der Unterbrechung eines Redners beziehungsweise einer Rednerin bis hin zum Entzug des Wortes eingeräumt. Mit einem Ruf zur Sache sollen Abschweifungen vom zur Debatte stehenden Verhandlungsgegenstand hintangehalten werden mit der

Möglichkeit, der Rednerin beziehungsweise dem Redner nach dem dritten Ruf zur Sache das Wort zu entziehen. Der Ruf zur Ordnung ist ein Ausdruck der Überwachung der Würde des Nationalrates: Beleidigende Wortmeldungen oder Missbilligungen der Verhandlungsführung ziehen einen solchen Ruf zur Ordnung nach sich, der mit einem Wortentzug verbunden werden und im wiederholten Fall die Verfügung der Präsidentin zur Konsequenz haben kann, dass Wortmeldungen der beziehungsweise des betreffenden Abgeordneten für den Rest der Sitzung nicht mehr angenommen werden. Jedenfalls hat eine Rednerin beziehungsweise ein Redner gemäß § 104 der Geschäftsordnung sofort innezuhalten, wenn die Präsidentin eine Wortmeldung unterbricht. Ein Ruf zur Ordnung oder ein Ruf zur Sache können auch Abgeordnete sowie an den Verhandlungen teilnehmende Mitglieder der Bundesregierung und Staatssekretäre verlangen, wobei allerdings die Entscheidung dazu bei der Präsidentin verbleibt.

Die Geschäftsordnung normiert, in Entsprechung des bereits angeführten Rechtsstaatlichkeitsprinzips, vollständig jene schriftlichen Dokumente, die Gegenstand von Verhandlungen des Nationalrates sein können. Die Präsidentin verfügt dazu jeweils, dass diese Verhandlungsvorlagen allen Abgeordneten zugänglich sind durch Verteilung oder Auflage zur Einsichtnahme. Im Sinne der Publizität (vgl. Atzwanger 1999, S. 136) wird jeweils in den Sitzungen des Nationalrates auf diesen Umstand hingewiesen; damit und mit der mindestens 24-stündigen Auflagefrist, von der in Ausnahmefällen abgewichen werden kann, soll gewährleistet sein, dass Öffentlichkeit und Abgeordnete gleichermaßen informiert sind über die in Verhandlung befindlichen

Gegenstände. Selbstständige Anträge von Abgeordneten sind ebenfalls als solche Verhandlungsgegenstände zu behandeln und haben genauen Formvorschriften wie etwa einer Antragsformel, was der Nationalrat beschließen möge, der Schriftlichkeit, der eigenhändigen Unterschrift der Antragstellerin beziehungsweise des Antragstellers, der Anzahl der Abschriften und der ausreichenden Unterstützung von in Summe mindestens fünf Abgeordneten zu genügen. Die Geschäftsordnung sieht dabei auch zwingend vor, dass für den Fall, dass ein solcher selbstständiger Antrag über den Bundesvoranschlag hinausgehend Auswirkungen auf die finanzielle Gebarung des laufenden Finanzjahres des Bundes nehmen würde, ein Bedeckungsvorschlag zu machen ist; dies gilt nicht für Abänderungs- oder Zusatzanträge im Rahmen der Spezialdebatte zu einem Verhandlungsgegenstand. Es ist möglich, zu selbstständigen Anträgen eine Ausschussbehandlung beziehungsweise auch eine Berichterstattung binnen einer Frist zu beantragen.

Eine Beiziehung von Sachverständigen und anderen Auskunftspersonen ist in der Geschäftsordnung, abgesehen von den Mitgliedern der Bundesregierung und der Staatssekretäre, ausdrücklich nur für Ausschusssitzungen vorgesehen und kann daher in einer Plenarsitzung nicht erfolgen.

Sitzungen des Nationalrates finden während einer vom Bundespräsidenten einberufenen ordentlichen oder außerordentlichen Tagung über Einberufung durch die Präsidentin gemäß dem festgelegten Sitzungsplan oder auch über besonderes Verlangen (Sondersitzung) statt. Sie sind, sofern nicht das Gegenteil ausdrücklich beschlossen wird, öffentlich und werden auch vom österreichischen Rundfunk live übertragen. Über jede Sitzung wird außerdem ein amtliches sowie ein stenografisches Protokoll verfasst, wobei Letzteres nach Vornahme stilistischer Korrekturen ebenfalls veröffentlicht wird. Die Präsidentin eröffnet die Sitzung zum anberaumten Zeitpunkt ohne Rücksicht auf die Anzahl der anwesenden Mitglieder des Nationalrates – Anwesenheitsquoren sind erst bei einer Abstimmung von Bedeutung und müssen bei einer Unterschreitung zu einer Sitzungsunterbrechung führen, sofern kein Vertagungsantrag die erforderliche qualitative und quantitative Mehrheit erlangen kann. Sie macht die ihr notwendig erscheinenden Mitteilungen und gibt insbesondere bekannt, welche Abgeordneten entschuldigt sind und welche Mitglieder der Bundesregierung infolge zeitweiliger Verhinderung vertreten werden. Vor Eingang in die Tagesordnung kann die Präsidentin noch eine Umstellung der Tagesordnungspunkte auch etwa in Form einer Zusammenfassung mehrerer Tagesordnungspunkte vornehmen, wobei Einwendungen dagegen möglich sind, über welche der Nationalrat mit einfacher Mehrheit entscheidet, sofern die Präsidentin den Einwendungen nicht beitritt. Zu Einwendungen gegen die Tagesordnung kann auch eine Einwendungsdebatte geführt werden, in der Gelegenheit besteht, die Standpunkte jeweils kurz darzustellen. Findet keine Einwendung eine Mehrheit, so bleibt es beim Vorschlag der Präsidentin.

Im Zuge der Debatte zu einzelnen Tagesordnungspunkten können auch unselbstständige Entschließungsanträge in inhaltlichem Zusammenhang mit dem jeweiligen Verhandlungsgegenstand gestellt werden, mit denen der Nationalrat seinen Wünschen über die Ausübung der Vollziehung Ausdruck geben soll oder durch die der Nationalrat einem Mitglied der Bundesregierung das Misstrauen aussprechen soll. Diese Anträge sind von einem beziehungsweise einer der fünf unterstützenden Abgeordneten zu verlesen und der Präsidentin schriftlich und unterschrieben zu überreichen, um mit in die Verhandlung genommen und am Ende der Debatte zum Tagesordnungspunkt einer Abstimmung zugeführt werden zu können. Ein Tagesordnungspunkt ist erschöpft, wenn keine Rednerin oder kein Redner mehr zu Wort gemeldet ist oder ein Antrag auf Schluss der Debatte angenommen wurde und die danach dennoch noch möglichen Wortmeldungen (§ 56 der Geschäftsordnung) allenfalls getätigt wurden und das Ergebnis der allenfalls erforderlichen Abstimmungen festgestellt wurde. Sind alle Tagesordnungspunkte auf diese Weise behandelt, so ist die Tagesordnung erschöpft, und die Präsidentin schließt die Sitzung.

Redezeit, Rednerliste und Reihenfolge der Debattenrednerinnen und -redner sind ebenfalls in der Geschäftsordnung detailliert geregelt: Grundsätzlich darf die Redezeit einzelner Abgeordneter 20 Minuten nicht überschreiten, Vorschläge für Ausnahmen kann die Präsidentin nach Rücksprache mit den übrigen Mitgliedern der Präsidialkonferenz bei besonders bedeutsamen Debatten unterbreiten. Nach Beratung in der Präsidialkonferenz kann die Präsidentin vor Eingang in die Tagesordnung oder spätestens vor Beginn einer Debatte anordnen, dass die Gesamtredezeit der Abgeordneten desselben Klubs in einer Debatte ein bestimmtes Ausmaß nicht überschreiten darf, wobei die Aufteilung auf die Klubs unter Berücksichtigung ihrer Stärke proportional aufgeteilt wird (sogenannte Wiener Stunde; vgl. Atzwanger 1999, S. 283). Anstelle dieser Festlegung kann die Präsidentin dem Nationalrat auch einen diesbezüglichen

Vorschlag zur Beschlussfassung unterbreiten. Die Redezeit
von Abgeordneten, die keinem Klub angehören, darf nicht
auf weniger als 10 Minuten je Debatte beschränkt werden.
Die Geschäftsordnung selbst ordnet in einigen Fällen davon abweichend besondere Redezeitbeschränkungen an:
Hinsichtlich der Behandlung eines dringlichen Antrages
ist etwa vorgeschrieben, dass dem Begründer beziehungsweise der Begründerin zunächst 20 Minuten zur Verfügung
stehen und die darauf folgende Beantwortung beziehungsweise Stellungnahme durch das zuständige Regierungsmitglied oder einen Staatssekretär 20 Minuten nicht über-
steigen soll, wobei es sich bei Letzterem um keine strikte
Begrenzung handelt. Die nachfolgenden Rednerinnen und
Redner haben jeweils eine Redezeit von maximal 10 Minuten, die Gesamtredezeit für jeden Klub ist auf 25 Minuten
beschränkt. Weitere besondere Redezeitbestimmungen sind
beispielsweise für tatsächliche Berichtigungen, die Behandlung von Fristsetzungsanträgen, Anträgen auf Einsetzung
eines Untersuchungsausschusses, die „Aktuelle Stunde",
„Kurze Debatten" über Anfragebeantwortungen oder Debatten über „Dringliche Anfragen" vorgesehen.

Die Reihenfolge, in der die Abgeordneten von der Präsidentin das Wort erteilt erhalten, richtet sich nach den
als Redeordnung zu qualifizierenden Bestimmungen der
Geschäftsordnung: Die Parlamentsdirektion führt in den
Sitzungen des Nationalrates zu jedem Verhandlungsgegenstand eine Rednerliste. Um auf diese aufgenommen zu werden, ist es erforderlich, sich ab Beginn der Sitzung selbst
oder über einen vom Klub hierzu bestimmten Abgeordneten zu melden und dabei bekannt zu geben, zu welchem
Tagesordnungspunkt man das Wort wünscht und ob es

sich dabei – ohne Präjudiz auf das spätere Abstimmungsverhalten – um eine „Pro"- oder eine „Kontra"-Meldung
handeln wird. Abgeordnete, die die Berichterstattung der
Ausschussarbeit zu einem Gegenstand übernommen haben,
dürfen sich dabei nicht als für oder gegen den zugrunde gelegten Antrag aussprechen, es sei denn, sie verzichten auf
die mündliche Berichterstattung. Die gemeldeten Abgeordneten gelangen dann in der Reihenfolge der Anmeldung
zu Wort, wobei danach zu trachten ist, „Pro"- und „Kontra"-Meldungen alternierend aufzurufen. Wortmeldungen
dürfen zurückgezogen oder an eine andere Abgeordnete
oder einen anderen Abgeordneten abgetreten werden, wobei allerdings höchstens zwei reguläre Wortmeldungen –
nicht mitgezählt wird eine tatsächliche Berichtigung – zum
Gegenstand zulässig sind.

Schließlich werden die Abstimmungsregeln und die
Leitung der Abstimmung ebenso detailliert geregelt wie
Sonderbestimmungen zu den einzelnen Aufgabenwahrneh-
mungen durch den Nationalrat.

Die Sitzung, die wir gemeinsam mit unserem Kurt ansehen und analysieren werden, kam auf Verlangen des BZÖ
zustande. § 46 Abs. 6 der Geschäftsordnung normiert: „Der
Präsident ist innerhalb einer Tagung verpflichtet, eine Sitzung einzuberufen, und zwar so, dass der Nationalrat innerhalb von acht Tagen – Samstage, Sonn- und Feiertage nicht
eingerechnet – zusammentritt, wenn dies unter Angabe
eines Themas 20 Abgeordnete verlangen, wobei jeder Abgeordnete ein solches Verlangen nur einmal im Jahr unterstützen darf. Gehören einem Klub weniger als 20 Abgeordnete
an, so kann ein solches Verlangen einmal pro Jahr dennoch
gültig gestellt werden, wenn dieses von allen Abgeordneten,

die einem solchen Klub angehören, unterstützt wird. Auch in diesem Fall darf kein Abgeordneter mehr als ein solches Verlangen unterstützen." Das BZÖ hat dabei den dringlichen Antrag 2367/A(E) – dieser kann im Volltext von der Homepage des österreichischen Parlaments unter www.parlament.gv.at heruntergeladen werden – betreffend „Genug versprochen – Steuern und Gebühren runter!" eingebracht und zur Debatte gestellt. Zu bemerken ist dazu, dass der zuständige Bundesminister beziehungsweise die zuständige Bundesministerin oder der vertretende Staatssekretär beziehungsweise die vertretende Staatssekretärin zu einer Stellungnahme verpflichtet ist im Zuge dieser Debatte. Bei dringlichen Anträgen, die eine an die Bundesregierung gerichtete Entschließung zum Inhalt haben, ist der Bundeskanzler zur Stellungnahme verpflichtet (vgl. Atzwanger 1999, S. 329 ff.). Diese Sondersitzung wurde mittels OTS-Aussendungen des BZÖ auch in der medialen Öffentlichkeit angekündigt und begründet.

Diskussion der Ergebnisse Das prozedurale Setting kann nicht unbedingt als dialog- und diskursfördernd bezeichnet werden. Es handelt sich vielmehr um ein als sehr starr zu bezeichnendes Regime der Worterteilung, das eine direkte Replik auf eine Wortmeldung nur in Ausnahmefällen wie einer tatsächlichen Berichtigung zulässt durch die schon frühzeitig festgelegte Rednerliste. Dadurch, dass somit zwischen den einzelnen Debattenbeiträgen mehrere andere Positionen vorgetragen werden, wird der Umstand begünstigt, dass lediglich Standpunkte dargelegt werden. Dies führt wiederum zu einer weiteren Verhärtung unterschiedlicher Positionen, was eine Auseinandersetzung mit den

Interessen zunehmend erschwert. Lediglich zwischen dem Antragsteller beziehungsweise der Antragstellerin und dem Regierungsmitglied sowie daran anschließend jeweils einer „Pro" und einer „Kontra"-Wortmeldung in alternierendem Aufruf ist eine direkte zeitliche Abfolge vorgesehen, die allerdings auch eher an ein kontradiktorisches Vorbringen im Gerichtsprozess als an eine Aushandlung von Interessen erinnert. Es ist also gerade bei Tagesordnungspunkten, die eine Vielfalt an Themen beinhalten, nahezu ausgeschlossen, nach den Gesichtspunkten des Diskurses zu einzelnen Teilbereichen eine Annäherung an eine konsensuale Lösung zu erwirken. Statt des Inhaltes steht das formale Kriterium des Prinzips „first come – first serve" im Vordergrund. Besonders zum Ausdruck kommt dies bei Sondersitzungen, in denen ein Dringlicher Antrag oder eine dringliche Anfrage Gegenstand der Debatte ist, da hier vor der Erledigung keine Ausschussbehandlung mit einer Möglichkeit der vertiefenden Vorbereitung und Auseinandersetzung auch zwischen den Sitzungsterminen vorgesehen ist. Die dadurch begünstigte Planbarkeit des weiteren Sitzungsverlaufes geht zulasten einer lebendigen und ergebnisoffenen Aushandlung, zumal zum Zeitpunkt der Anmeldung auf die Rednerliste ja noch nicht einmal bekannt ist, welchen Inhalt die davor gemeldeten Redebeiträge haben werden. In der Vorbereitung eigener Wortmeldungen ist daher noch nicht bekannt, welche Haltung die Vorrednerinnen und Vorredner einnehmen werden, was dazu verleitet, eine vorgefasste Meinung argumentativ zu festigen. Dies hat die Wirkung von Scheuklappen in Bezug auf die Möglichkeit, parteiübergreifende Gemeinsamkeiten in den jeweils zugrunde gelegten Interessen zu suchen. Es wird somit also der bloße Austausch vorgefasster Haltungen ohne echte Chance auf eine Auseinandersetzung mit den zugrunde liegenden Interessen begünstigt; bereits in der Vorbereitung von Wortmeldungen wird die Reduktion der Verhandlungen auf eine krampfhafte Fortsetzung eines einmal von den Akteurinnen und Akteuren eingeschlagenen vorgezeichneten Weges provoziert.

Auch der Umstand, dass bei der Anmeldung eines Debattenbeitrages zwecks Aufnahme in die Rednerliste bereits festzulegen ist, ob die Wortmeldung pro oder kontra den behandelten Verhandlungsgegenstand sein wird, konstruiert eine zusätzliche Verhärtungsdynamik, selbst wenn dies ausdrücklich kein Präjudiz auf das spätere Abstimmungsverhalten und die Möglichkeit, auch noch die Gegenposition zur ursprünglichen Intention zu beziehen, darstellen soll (Atzwanger 1999, S. 300). Mit jeder manichäischen Festlegung in einander scheinbar ausschließende Kategorien wird die Kompetenz zur Einräumung alternativer Lösungswege beschnitten.

Die zeitlichen Vorgaben und Limits mögen zwar das sogenannte Filibustern, also das Hinauszögern einer Beschlussfassung durch überlange Wortmeldungen, hintanhalten und einen disziplinierten Gesprächsablauf begünstigen, sie wirken allerdings verstärkend auf das Beharrungsmoment der Akteurinnen und Akteure. Es ist darüber hinaus kaum Raum dafür vorhanden, für die Bürgerinnen und Bürger ausreichende Transparenz zu den die Haltung der Demokratie ausmachenden Dimensionen der Handlungsorientierung zu bieten: Optionen werden nur mit Schlagworten präsentiert, und es werden keine Parameter und Indikatoren zur Bewertung von Lösungswegen ausverhandelt, sondern

es wird primär die Notwendigkeit einer Entscheidungs-
findung bei gegenseitiger Absprache der entsprechenden
Kompetenz dazu in den Vordergrund gestellt und unter
Verwendung von Symbolik dramatisiert.

Ein weiterer den konsensualen Lösungsweg konstruktiver Aushandlung behindernder Aspekt ist in den An-
wesenheitserfordernissen zu erblicken: Die Geschäftsordnung sieht lediglich zum Zeitpunkt der Abstimmung die
Anwesenheit in quantifizierten Einheiten je nach Abstim-
mungsmaterie als erforderlich. Dies begünstigt ebenfalls,
dass Debattenbeiträge ungehört bei anderen Akteurinnen
und Akteuren, die gerade den Raum verlassen haben, zur
bloßen Darstellung eines Standpunktes verkommen, ohne
auch nur die geringste Chance auf eine Annäherung über
die gemeinsam vertretenen Interessen.

Auch inhaltlich wird durch feste Vorgaben der Rechtsstaatlichkeit etwa im Punkt der Verhandlungsgegenstände
und der Instrumente der Präsidentin wenig Raum für Kreativität und damit Konsensorientierung über interessenge-
rechte Alternativen gelassen. Der Präsidentin werden zwar
einige durchaus auch in der Mediation hilfreiche Instrumente zur Seite gestellt, soweit es etwa um die Wahrung
der Würde geht oder um die zumindest ansatzweise vor-
geschriebene Einbindung der Akteurinnen und Akteure in
die Gestaltung des Sitzungsverlaufes in Form von Abstimmungen zu ihren Festlegungen oder der Einbindung der
Präsidiale, allerdings hat sie keine ausreichende Handhabe,
hilfreiche Interventionen zu setzen.

Durch eine Anleihe bei der Mediation könnte in einer
Plenarsitzung des Nationalrates der demokratische Grund-
gedanke mehr Raum bekommen: Mediation bietet hier

einen weniger auf zeitliche Beschränkungen als auf prozedurale Struktur basierenden Rahmen, in dem viel stärker die Abhandlung der für eine konsensuale Lösungsfindung erforderlichen Schritte geleitet wird. Anders als die Präsidentin beziehungsweise der Präsident nach der Geschäftsordnung die zeitliche und formale Struktur überwacht, überwacht so eine Mediatorin oder ein Mediator, dass die einzelnen Meilensteine zur umfassenden Aushandlung der Tagesordnung erreicht werden. Ein weiteres Zeichen von in der Mediation gelebter konsensfördernder Flexibilität kann in der Kompetenz erkannt werden, auch insoweit lenkend in die Diskussionen selbst einzugreifen, als dies dem Vorankommen hilfreich erscheint. Dabei ist es jederzeit ebenfalls möglich, eine Sitzung zu vertagen, wenn es hilfreich erscheint für eine Einigung, mehr Zeit in Anspruch zu nehmen.

Verhaltensbeobachtung

Kriterien Wir werden uns nun mit Kurt vor den Fernseher setzen und beobachten, was sich so in einer Nationalratssitzung konkret abspielt. Den Beteiligten ist dabei bekannt, dass ihre Handlungen vom österreichischen Rundfunk mittels der vor Ort installierten Kameras aufgezeichnet und ausgestrahlt werden, ihr Handeln somit im Blickfeld der Fernsehzuseherinnen und Fernsehzuseher ist und damit allgemein einer öffentlichen Bewertung zugänglich wird.

Ausgewählt wurde die Sondersitzung des Nationalrates vom 27. Juni 2013, da in ihr unter der Überschrift „Genug versprochen – Steuern und Gebühren runter!" eine Auseinandersetzung mit einem Gerechtigkeitsthema, nämlich jenem der Verteilungsgerechtigkeit, vermutet werden kann.

Es darf daher die Behandlung von Fragen zu einem für die Demokratie, wie wir ja schon festgestellt haben, zentralen Thema erwartet werden. Am 12. Juni 2013 wurde Michael Spindelegger als Parteiobmann der Regierungspartei ÖVP von der Tageszeitung „Die Presse" mit der Ankündigung zitiert, das Leben leistbarer machen zu wollen: Jedem Haushalt in Österreich sollen dadurch 980,00 € mehr zur Verfügung stehen. Josef Bucher von einer der Oppositionsparteien (BZÖ) beantragte daraufhin – angekündigt in der Tageszeitung „Die Presse" vom 18. Juni 2013 – eine Sondersitzung des Nationalrats, um das Kostensenkungspaket der ÖVP „auf seine Ernsthaftigkeit hin zu prüfen", da Vorschläge in diese Richtung bereits mehrfach vom BZÖ gemacht wurden, ohne dass diese weiter verfolgt worden wären. Die ÖVP mache nur Ankündigungen in Wahlkampfzeiten, nach der Wahl komme genau das Gegenteil heraus.

Es wird für die Beobachtung der Teilabschnitt der ersten Stunde der Sitzung gewählt, da hier anhand der Erfahrungswerte aus zurückgelegenen Nationalratssitzungen und unter Zugrundelegung des Regelwerks für derlei Sitzungen, nämlich der Geschäftsordnung, darauf geschlossen werden kann, dass hierbei die zentralen Abläufe studiert werden können. Dass dieser Zeitraum auch von den Akteurinnen und Akteuren selbst als zentral angesehen wird, lässt sich schließlich auch daran erkennen, dass nach dieser Zeitspanne die ersten OTS-Aussendungen aus den Parteizentralen publiziert werden mit der jeweiligen Schilderung der Eigenwahrnehmung samt den entsprechenden Schlussfolgerungen, von denen die mediale Beachtung gewünscht wird.

Wir setzen uns also gemeinsam mit unserem Kurt vor den Fernseher und legen die DVD mit der aufgezeichneten

Liveübertragung aus dem Nationalrat zur ausgewählten Sitzung ein, welche vom österreichischen Rundfunk ausgestrahlt worden ist wie bei allen übrigen Nationalratssitzungen auch. Es ist dies eine Möglichkeit, sich von Politik authentisch, das heißt ungefiltert durch Medien, ein Bild zu machen. Dabei wollen wir uns konzentrieren auf folgende Fragen:

* Wer wird von den Abgeordneten angesprochen?
* Findet Interaktion statt? Wenn ja, zwischen wem?
* Wie ist der sprachliche Umgang miteinander?
* Werden Standpunkte bezogen oder finden Verhandlungen statt?

Auf den folgenden Seiten werden die Beobachtungsergebnisse zusammengefasst dargestellt. Wegen der Überschaubarkeit des Materials und zur Steigerung der Nachvollziehbarkeit wird auf Kürzungen weitgehend verzichtet. So können Sie, liebe Leserin und lieber Leser, sich selbst einen Überblick verschaffen, ohne die ausgewählte Sitzung selbst auch tatsächlich ansehen zu müssen, und die anschließenden Überlegungen leichter nachvollziehen und auch hinterfragen.

Ergebnisse der Beobachtung Die Präsidentin des Nationalrates leitet die Sitzung mit ruhiger Stimme von ihrem Platz aus. Sie beschränkt sich auf die Begrüßung, die Verlesung der einleitenden Formalia wie die Erinnerung an die getroffenen Übereinkünfte gemäß dem Regelwerk der Geschäftsordnung samt Verweis auf dieselbe sowie die jeweilige Erteilung des Wortes an den auf der Rednerliste nächstgereihten am Schluss der jeweiligen Darlegung des

Standpunktes. Nach etwas mehr als einer Stunde, nachdem der Abgeordnete Bucher (BZÖ) als Antragsteller, Bundesministerin für Finanzen Maria Fekter (ÖVP) als Regierungsmitglied und die Abgeordneten Widmann (BZÖ), Cap (SPÖ), Haubner (ÖVP) und Strache (FPÖ) das Wort hatten, nutzt sie die Gelegenheit der Erteilung des Wortes an den nächsten Redner zur Begrüßung der Sportlerinnen und Sportler der Paralympics 2012 samt deren Betreuerstab im Gebäude und gratuliert im Nachhinein zu deren Erfolgen.

Bei der Überwachung der zeitlichen Limits wird die Präsidentin, die an diesen Umstand auch wiederkehrend mit einem Hinweis erinnert, dass die Uhr gestellt sei, technisch unterstützt. Für die Rednerin beziehungsweise den Redner ist am Rednerpult in diesem Zusammenhang eine für alle sichtbare rote Lampe installiert, welche zu blinken beziehungsweise zu leuchten beginnt, wenn die Redezeitbeschränkung erreicht wird. Dies wird von den Abgeordneten beachtet.

Von Zwischenrufen lassen sich die am Wort befindlichen Personen, die durch die teilweise Verwendung von Redeunterlagen vorbereitet wirken, nicht davon abhalten, ihre Standpunkte fertig darzulegen.

Bucher spricht als Begründer des „Dringlichen Antrags", wie mit Ausnahme des Abgeordneten Cap alle weiteren Personen, denen von ihr das Wort erteilt wird, direkt die Präsidentin des Nationalrates an, betreibt darüber hinaus aber keine verbale Interaktion mit ihr. Weiters werden von Bucher mehrmals „meine sehr geehrten Damen und Herren" pauschal angesprochen, die 400.000 Arbeitslosen, die zum Teil auch vor dem Fernseher sitzen, wiederholt die

Bundesministerin für Finanzen, einige Male die Abgeordneten der ÖVP und einmal die Parteien mit Bezeichnung „Rot und Schwarz und Grün". Es findet aber jeweils, abgesehen von Zwischenrufen von zum Teil gar nicht angesprochenen Personen, keine verbale Interaktion statt. Lediglich regelmäßiger Applaus – der auch im weiteren Sitzungsverlauf immer aus der eigenen Partei des Redners beziehungsweise der Rednerin sowie bei den Regierungsparteien auch ab und an aus beiden Regierungsparteien gespendet wird während und am Ende der Rede – kann neben vereinzelten Zwischenrufen als direkte Reaktion beobachtet werden.

Die Kommunikationsstrukturen des als Erster zu Wort gemeldeten Abgeordneten Bucher sind somit von der Darlegung von Standpunkten mit einseitigem Erklärungsinhalt geprägt. Als Gegenüber werden die Präsidentin, allerdings nur in der Begrüßung, sowie die Bundesministerin für Finanzen als Vertreterin der Regierung und die anwesenden Abgeordneten angesprochen. Die Bürgerinnen und Bürger werden in Form der „400.000 Arbeitslosen, welche zum Teil auch vor dem Fernseher sitzen" indirekt adressiert.

Bucher unternimmt einen Koalitionsaufruf an die Regierungspartei ÖVP, indem er an sie appelliert, man müsse seinen Anträgen in den Reihen der ÖVP zustimmen, wenn man den eigenen Parteichef ernst nehme; widrigenfalls würde dieser hintergangen, da er „keine Unterstützung von seinem Klub hat". Er führt dabei auch aus, es „... hat mich daher hoffnungsfroh gestimmt, dass die ÖVP mit uns, dem BZÖ, gemeinsam kämpfen will in Richtung Gebührensenkung und etwas unternehmen will". Gleichzeitig grenzt er sich aber auch von der ÖVP ab: Bucher spricht von „Haifisch-Banken", die das von der Gesellschaft benötigte Geld

einbehalten und denen die ÖVP „neue Zähne gegeben"
habe, während die österreichischen Steuerzahlerinnen und
Steuerzahler sich steigender Arbeitslosigkeit, zunehmenden
Insolvenzen und einer maroden Infrastruktur bei Straßen,
Tunneln, Brücken, Schulen und Universitäten ausgesetzt
sehen. Er stellt sich mit den indirekt angesprochenen Ge-
sellschaftsgruppen auf eine Seite in Koalition gegen das
Bankensystem und die ÖVP. Auf einen Zwischenruf „Von
welchem Land sprechen Sie" geht er scheinbar nicht ein, ein
Zwischenruf „Zaster! Her mit dem Zaster!" bleibt scheinbar
ebenfalls unbemerkt von ihm, fließt aber in seine folgende
Wortwahl ein.

Die Bundesministerin für Finanzen spricht zu Beginn
neben der Präsidentin des Nationalrates die Damen und
Herren Abgeordnete sowie die Zuseherinnen und Zuseher
auf der Galerie und vor den Bildschirmen an.

Sie tritt in ihrer Wortmeldung in Abgrenzung zum zuvor am Wort gewesenen Abgeordneten Bucher. Sie weist das
Koalitionsangebot im Punkte des Interesses für die Absen-
kung von Steuern und Abgaben auf der Beziehungsebene
zurück, um gleichzeitig zu betonen, diese Zielsetzung ohnehin in einer Koalition mit den Bürgerinnen und Bürgern zu
verfolgen: Österreich steuere nicht auf eine Rezension zu, sei
nicht dem apokalyptischen Untergang geweiht, und es kön-
ne sich daher bei den von Bucher argumentativ vorgetragenen Schilderungen nicht um Österreich handeln. Letzteres
war auch zuvor bereits während der Rede des Abgeordneten Bucher vom Abgeordneten Kopf in einem Zwischenruf
bemerkt worden. „Wir haben die Anregungen des BZÖ
nicht gebraucht, sondern hatten das alles schon auf Schie-
ne". Das BZÖ wird in einem weiteren Schritt in die Rolle

des Gegners Österreichs gedrängt: „... weil das Gute Ihnen nichts wert ist ... und das verdient Österreich nicht ...".

Fekter bietet auf der Sachebene eine Darstellung der eigenen Erfolge in der Regierung, der Wirtschaftsdaten unter Bezugnahme auf gleichlautende Einschätzungen namhafter Institutionen sowie der konstruktiven Behandlung auch von sachlich vorgebrachter Kritik – 420 von 590 Rechnungshofempfehlungen wurden bereits umgesetzt. Auf der Beziehungsebene spricht sie die Bürgerinnen und Bürger in ihrer Gesamtheit indirekt an: Die Bevölkerung Österreichs wird als fleißig wertgeschätzt, als Grund dafür, dass Österreich besser dasteht als alle Nachbarländer. „Und das muss man den Menschen auch einmal zugutehalten". Die Bundesministerin bedankt sich auch beim Hohen Haus, dass die Regierung gemeinsam mit den Regierungsfraktionen bis zum letzten Tag dieser Legislaturperiode aktiv zum Wohle der Menschen in diesem Land arbeiten kann.

Der Abgeordnete Widmann spricht der Bundesministerin Kompetenz ab und überreicht gleichzeitig einen „Steuerrechner"; er erweitert die Unterstellung der Inkompetenz auf den gesamten Parlamentsklub der ÖVP mit den Worten „Es würde auch der ÖVP eine gewisse Fortbildung nicht schaden." Die Aussagen, dass es Österreich gut geht, stellt er als theoretische Abhandlungen hin und bringt auf einzelne Individuen heruntergebrochene Beispiele in die Debatte: die Billa-Verkäuferin, die Sparverkäuferin und den Pendler, die kein Geld mehr im Börserl hätten, sowie die Kinder, deren Ausbildung in Gefahr sei. Diese Bürgerinnen und Bürger werden dabei nicht direkt angesprochen, sondern als Argumente gebraucht. Er bezeichnet die SPÖ als

„Steuererhöhungspartei" und die ÖVP als „Schmähtandler", sieht in „Rot und Schwarz echte Belastungszwillinge".

Er bewirbt als Lösungsvorschlag den Vorschlag seiner Partei zu einer „Fair Tax", wobei er dessen Kosten von 3,5 Mrd. € mit den Zinszahlungen für die Gesamtschulden des Sektors Staat finanzieren möchte (sic!) – womit er die Sachebene vollends verlässt und lediglich auf Emotionalisierung setzt.

Der Abgeordnete Cap geht auf seinen Vorredner ein und bezeichnet dessen Rede als „leicht wirr". Er schreibt ihm ein Politikverständnis zu, wonach die Bürgerinnen und Bürger alle Aufgaben selbst übernehmen müssten. Er bewertet die Aussagen des BZÖ als ein Herbeireden eines „Folterkellers" und als Indiz dafür, keine Ahnung zu haben, da jemandem, der die Rede verstanden hätte, „das Kaffeehäferl aus der Hand gefallen" sei. Überhaupt ist die Rede von Cap sehr pointiert gehalten, wie man sie ansonsten eher auf einer Bühne eines Kabaretts vermuten würde; dabei wurde auch das Team Stronach als programmleer bezeichnet. Weiters rechnet er vor, dass der Antrag des BZÖ, falls er so beschlossen würde, genau zum Gegenteil des vom BZÖ propagierten Ergebnisses führen würde: Pensionistinnen und Pensionisten müssten mehr Steuern – das Doppelte – zahlen, Klubobmann Bucher jedoch weniger. Den verhandelten Antrag ordnet er somit Interessen gegen die Österreicherinnen und Österreicher und blankem Eigennutz zu. Er folgt den Argumenten der Bundesministerin für Finanzen und sieht hinsichtlich der Besteuerung von Millionären einen Unterschied in den Standpunkten mit dem Regierungspartner, wobei das Wort Vermögenssteuer allerdings nicht verwendet wird. Dieser Begriff war in den vor der Sitzung öffentlich verfolgbaren Diskussionen zwischen den Regierungspartnern Gegenstand von Meinungsverschiedenheiten gewesen.

Der Abgeordnete Haubner stellt, nachdem er die Präsidentin, die Bundesministerin für Finanzen, die „Damen und Herren" und die Kolleginnen und Kollegen direkt angesprochen hat, klar, dass „wir nichts schönreden brauchen, aber auch nicht alles schlechtmachen müssen". In Europa herrsche eine schwierige Situation vor, und man stehe auch österreichweit vor großen Herausforderungen. In weiterer Folge relativiert er der Reihe nach die Argumente, die von Bucher und Widmann ins Treffen geführt wurden. Es gibt Zwischenrufe, vor allem des Abgeordneten Kogler („Können Sie das Wort Reform buchstabieren?"; wenig später „Richard! Emil! Friedrich! Otto! Richard! Martha!"), auf die er nicht einsteigt. Am Schluss seiner Rede befindet er, dass der Koalitionspartner (Anmerkung: SPÖ) gefragt wäre, dass „wir noch eine Lösung zusammenbringen" zu den bestehenden Vorschlägen für ein Konjunkturpaket und dessen Finanzierung. Es entsteht daraufhin ein kurzes Zwiegespräch zwischen Haubner und Krainer.

Abgeordneter Strache stimmt nach der direkten Anrede der Präsidentin, der Frau Bundesminister für Finanzen und der „sehr geehrten Damen und Herren" in das vom BZÖ zuvor gezeichnete Bild ein und beklagt Rekordarbeitslosigkeit, Rekordarmut, Rekordbelastungen und die höchste Steuerbelastung der zweiten Republik. Er betont sogar, dass die „Apokalypse, deren Beschwörung Sie (Anmerkung: wohl die Regierungsparteien gemeint) versuchen, der Opposition zu unterstellen, Realität (sic!)" sei. Emotionalisierend bemängelt er, dass die Bundesministerin für Finanzen leugne, dass Österreich in der Rezession sei und sie nichts anderes mache, als für die Bankspekulanten die österreichische Bevölkerung mit Milliarden an Steuergeldern zu belasten; es sei dies ein „Offenbarungseid", an dem „für die Menschen" erkennbar sei, was ihr wichtig sei, weil sie auf der anderen Seite nicht bereit sei, die „Alpine" zu retten. Die SPÖ stelle sich heraus und spiele Klassenkämpfer, sei allerdings in Wahrheit größter Unterstützer der neoliberalen Bankstrukturen und dafür verantwortlich, dass der ÖGB in manchen Bereichen bis heute seine Steuern schuldig sei, die er in den Stiftungen geparkt habe – dabei wird der Abgeordnete Cap ad personam angesprochen. Die Menschen hätten das Geld nicht mehr für Gebührenerhöhungen, die ihnen in Wien von Rot-Grün zugemutet werden, stellt er sich auf die Seite der Bürgerinnen und Bürger, welche er indirekt anspricht. Eigene Lösungskompetenz stellt er dar, indem er ein eigenes Modell zur Entlastung, das sich von dem vom BZÖ vorgeschlagenen unterscheide, andeutet. Schließlich stellt er die FPÖ als jene Partei dar, die anders als die SPÖ wisse, wie es gehe: nicht über Klassenkampf und „Placebo-Debatten über Superreiche", sondern über Gerechtigkeit den Leistungsträgern gegenüber. Während des Debattenbeitrages des Abgeordneten Strache sind mehrere Zwischenrufe zu beobachten, wobei hier auch Interaktionen zwischen den zwischenrufenden Abgeordneten stattfinden.

In der Beobachtung kann daher festgestellt werden, dass die Abgeordneten die Präsidentin, die Vorrednerin beziehungsweise den Vorredner, das anwesende Regierungsmitglied und die Parteien als Gesamtes direkt ansprechen, ohne dabei jedoch in direkte Interaktion zu treten. Lediglich vereinzelte Zwischenrufe lassen Ansätze eines Dialoges aufkommen, wobei darauf aber kaum reagiert, sondern fortgefahren wird in der Darlegung des eigenen Standpunktes. Angesprochen werden aber auch die Zuseherinnen und Zuseher vor Ort und vor den Fernsehgeräten, wobei die Bürgerinnen und Bürger in ihrer Gesamtheit oder auch in Teilgruppen indirekt adressiert werden in der Untermauerung des eigenen Standpunktes.

Sachinformationen werden kaum ausgetauscht, es werden in erster Linie Hypothesen zu Standpunkten verfestigt mit emotionalisierenden Verifikationsversuchen hinsichtlich der eigenen Darlegung und Falsifikationen betreffend die anderen Sichtweisen. Kurt erfährt somit nichts Neues: Er kann lediglich eine zum Teil sehr emotionale und pointierte Zusammenfassung jener unterschiedlichen Standpunkte verfolgen, die er bereits aus den Zeitungsartikeln der letzten Tage und Wochen kennt. Zusätzliche Informationen zwecks Steigerung der Transparenz gibt es nicht. Vielmehr wird durch einander widersprechende Bezugnahmen auf vermeintlich neutrale Parameter, wie etwa Statistiken und Rankings, bereits von Kurt als unstrittig geglaubtes Wissen wieder infrage gestellt.

Soweit Bezug genommen wird auf die anderen Akteurinnen und Akteure erfolgen Koalitionsappelle ebenso wie klare Abgrenzungen und wechselseitige negative Attribuisierungsversuche. Die Bürgerinnen und Bürger werden dabei wiederholt in einer Rolle des Opfers der anderen Parteien dargestellt, wobei der eigene Lösungsvorschlag als Rettung präsentiert wird; es wird dies durch die Bank verbunden mit dem Aufruf zur Solidarisierung im Nationalrat zwecks Umsetzung der angedeuteten Lösung.

Soweit die Kameraeinstellungen, die primär auf die gerade am Wort befindliche Person fokussieren, es zulassen, ist hinsichtlich der übrigen Akteurinnen und Akteure zu beobachten, dass diese zum Teil den Reden zuhören, zum Teil mit Laptops oder Papierunterlagen beschäftigt sind oder untereinander Gespräche, primär mit der Sitznachbarin oder dem Sitznachbarn, führen. Regelmäßig wird bei Rednerinnen oder Rednern der eigenen Fraktion applaudiert, vereinzelt werden Zwischenrufe getätigt. Regelmäßige Wechsel der Kameraeinstellung lassen während der gesamten Sitzung erkennen, dass immer wieder Personen, parlamentarische Mitarbeiterinnen und Mitarbeiter, zu Abgeordneten gehen, um ihnen Unterlagen zu übergeben oder ihnen etwas zuzuflüstern und sich anschließend wieder an den Rand des Raumes zurückziehen. Die Kameraführung wird dabei nicht als mögliche Einschränkung des Blickfeldes des Beobachters auf die von Regie und Kameraführung ausgewählten Geschehnisse empfunden, da die regelmäßigen Einstellungswechsel ein abgerundetes Bild ergeben, welches in Totalaufnahmen auch eine Verifizierung des gewonnenen Eindruckes ermöglichen.

Diskussion der Ergebnisse Aus Sicht der Demokratie, welche ja auch von Transparenz im natürlichen Spannungsverhältnis der ebenfalls erforderlichen Vertraulichkeit lebt, erscheint es bemerkenswert, dass die Akteurinnen und Akteure im Nationalrat offenbar voraussetzen, allen Beobachterinnen und Beobachtern ausreichend bekannt zu sein: Es gibt keine erkennbaren Namenstafeln, auch die Parteizugehörigkeiten werden als bekannt vorausgesetzt. Nur vereinzelt, wie etwa im Fall der gegenständlich beobachteten

Sondersitzung bei den Abgeordneten des BZÖ durch das Tragen der Plakette „Genug gezahlt", sind zumindest die Zusammengehörigkeiten als eigene Gruppe erkennbar. Selbst wenn einem beziehungsweise einer Abgeordneten das Wort erteilt wird, wird seitens der Präsidentin des Nationalrates offenbar vorausgesetzt, dass der Beobachter beziehungsweise die Beobachterin die Parteizugehörigkeit kennt, da hier nur der Aufruf des Namens, nicht aber der Partei erfolgt. Auch aus den Redebeiträgen selbst kann oftmals nicht direkt, sondern lediglich indirekt aus dem Inhalt bei Kenntnis der jeweiligen Positionierung abgeleitet werden, zu welcher ideologischen Gemeinschaft eine Zugehörigkeit besteht. Für Beobachterinnen und Beobachter, die die einzelnen Abgeordneten nicht allesamt kennen, empfiehlt es sich, von der Parlamentshomepage die entsprechenden Informationen vor Beobachtung einer solchen Sitzung herunterzuladen, um damit das Manko einer deutlichen Identifizierung wettzumachen. In anderen Gesetzgebungskörperschaften ist es selbstverständlich, dass durch deutlich lesbare Namenstafeln oder Displays eine Bestimmung der Akteurinnen und Akteure aus der Beobachtung heraus ohne Weiteres möglich ist.

Diesem Umstand wird zwar durch Einblendungen im Programmablauf des österreichischen Rundfunks Rechnung getragen, nicht allerdings etwa im vom Parlament zur Verfügung gestellten Livestream zu den über Internet ebenfalls verfolgbaren Geschehnissen während einer Nationalratssitzung. Aus diesem Umstand heraus ist fraglich, ob eine Präsentation der Standpunkte vor den Bürgerinnen und Bürgern primäres Anliegen sein kann oder doch das Bemühen einer tatsächlichen Aushandlung der Sitzungsinhalte im Vordergrund steht.

Hinsichtlich der Kommunikationsstrukturen und -abläufe gibt es aus Sicht des Konfliktmanagements eine ganze Reihe von interessanten Elementen:

Was die Rollenverteilung zwischen Regierung und Nationalrat anbelangt, wird in der Beobachtung deutlich, dass das Regierungsmitglied und die Regierungsparteien auf der einen Seite den Oppositionsparteien auf der anderen Seite gegenüberstehen. Sichtbar wird dies am deutlichsten an jener Stelle, an der sich das Regierungsmitglied bei den Regierungsfraktionen dafür bedankt, dass bis zum letzten Tag der Legislaturperiode aktiv zum Wohle der Menschen in diesem Land gearbeitet werden kann.

Es können deutliche Anzeichen für Kommunikation auf mehreren Ebenen, insbesondere der Beziehungs- und Appellebene, beobachtet werden, wobei jeweils nachdrücklich zum Vorschein kommt, dass die einzelnen Personen sich als Expertinnen und Experten zu präsentieren trachten bei gleichzeitiger Beschädigung eines diesbezüglichen Images der anderen Akteurinnen und Akteure. Die Körpersprache wird dabei vor allem mit starker Gestik unterstützend eingesetzt mit geballten Fäusten, erhobenen Zeigefingern oder betonter Besonnenheit durch das regelmäßige Abnehmen und Aufsetzen der Brille.

Ein Dialog, der auf eine Konsensualisierung von Interessen abzielen könnte, kann nicht einmal ansatzweise beobachtet werden. Es kommen immer wieder die vorgebildeten Lager in verhärteten Fronten zum Ausdruck. Lösungsansätze werden gegenseitig verworfen mit dem Appell, sich doch der selbst anskizzierten Option anzuschließen. Dies zeigt sich auch in den noch während des Sitzungsverlaufs abgesetzten OTS-Aussendungen, die allesamt nur eine Darstellung der auch in der Sitzung vorgetragenen Standpunkte samt Herabsetzung der von anderer Seite vorgebrachten Optionsansätze beinhalten.

An Akteurinnen und Akteuren sind die genannten Anwesenden vorhanden, es werden allerdings auch immer wieder andere Gruppen in das System hereingeholt: sei es als Argument, sei es zur Installation eines Koalitionspartners oder zwecks emotionalen Aufbaus eines drohenden oder bereits instrumentalisierten Konfliktpartners. Letzteres kann vor allem bei BZÖ und FPÖ beobachtet werden, welche sich dieses Instruments gegenüber den Regierungsparteien bedienen.

In den Beobachtungen kann dabei ein Beispiel gesehen werden für asymmetrische Interaktionen mit synallagmatischen Aktionen, sich gegenseitig in fixe, einander zugedachte Rollenbilder zu drängen. Die politischen Akteurinnen und Akteure versuchen gegenseitig, bei unserem Kurt und allen anderen Beobachterinnen und Beobachtern die jeweils andere Partei als unfähig erscheinen zu lassen, gerechte Lösungen zu finden, indem sie einerseits entsprechende Behauptungen aufstellen, andererseits das Gegenüber dazu provozieren, dem einmal aufgestellten Klischee auch entsprechende Aussagen zu tätigen. Glasl (2011a, S. 371) beschreibt diese Entwicklung als anfängliche Demonstration der Parteien, einander intellektuell überlegen zu sein, während später die Gegenpartei unterdrückt und aktionsunfähig gemacht wird. Es herrscht förmlich ein Wettbewerb der wechselseitigen Bezichtigung, die nicht räumlich anwesende Gesellschaft in der Erwartungshaltung zu enttäuschen, dass dem Primat der modernen Politik, übergeordnete Probleme einer Lösung zuzuführen, nachgekommen wird. Es liegt damit ein Überwiegen der Rivalisierung in einem Koalitionskonflikt um die Gunst des immer wieder hereingeholten Individuums und der immer wieder angesprochenen Gesellschaft vor. Der Konflikt um eine konkrete Zielerreichung in der Normenausgestaltung tritt deutlich in den Hintergrund.

Es sind dabei von der Konflikthöhe her Konflikte zwischen den Parteien sowie den Parteien und der Regierung in unterschiedlicher Ausprägung bis hin zu Stufe 5 nach Glasl (2011a, S. 266 ff.) erkennbar. Diese Stufe bedeutet, dass es die Streitparteien darauf anlegen, als Gewinnerin beziehungsweise Gewinner aus dem Konflikt hervorzugehen, indem das Gegenüber demaskiert, als sozialer Autist dargestellt wird.

Die Konflikttiefe, also die emotionale Verbindung, scheint bei einem anschließenden Blick in die Cafeteria des Parlaments, wo Vertreterinnen und Vertreter aller Couleurs durchaus angeregte Unterhaltungen zu führen imstande sind und auch sozialen Austausch betreiben, allerdings nicht besonders ausgeprägt zu sein. Das stimmt zunächst hoffnungsfroh in die Richtung einer relativ leicht möglichen Änderung der gepflogenen Kultur. Es geht dabei allerdings durch diese irritierende Diskrepanz im sozialen Umgang der Abgeordneten miteinander auf der Bühne des Nationalrates und abseits derselben sogar so weit, dass man sich mit Kurt die Frage stellt: Sind die Konflikte nur Teil einer Inszenierung für die Bürgerinnen und Bürger, oder sind die beobachteten Streitereien, wenn es darum geht, unsere Rechtsordnung weiterzuentwickeln, echt? Es ist in der

Tat schwer fassbar, ob es in einer Nationalratssitzung nun um eine echte Auseinandersetzung geht mit dem Versuch, die verschiedenen Interessen der Gesellschaft unter einen Hut zu bekommen, oder ob das alles nur Schauspiel ist, um den Bürgerinnen und Bürgern auf symbolischem Weg bloß die Komplexität eines Themas zu veranschaulichen – ungeachtet der eigentlichen Pläne. Es bestehen während einer Nationalratssitzung jedenfalls Anzeichen dafür, dass die Mindesttiefe, ab der von Konflikten gesprochen werden kann, zwischen den Akteurinnen und Akteuren selbst nur zum Teil besteht. Zum Teil wird der Eindruck erweckt, dass hier nur eine Erwartungshaltung der Individuen und der Gesellschaft getroffen werden soll, wonach der Konflikt als etwas gesehen wird, das der Politik nicht nur inhärent ist, sondern gleichsam als Daseinsberechtigung für Demokratie erachtet wird. Es wird also zum Teil nur gestritten, weil die Menschen es erwarten. Dass dies allerdings wegen der sehr wohl bestehenden emotionalen Verstrickung Auswirkungen auf die gar nicht anwesenden und bloß beobachtenden Bürgerinnen und Bürger hat und auf diese daher abfärben wird, scheint hier übersehen zu werden.

Die Konfliktbreite, also die Anzahl der von einem Konflikt erfassten Themen, ist je nach Tagesordnung variabel ausgeprägt, wobei sie obendrein nur stark reduziert auf einige wenige Aspekte eines Themas aufgegriffen wird in den Wortmeldungen. Der Konflikt findet hier bei einer Einordnung nach Glasl (2011a, S. 59 ff.) im makrosozialen Rahmen statt, eine Vielzahl kleinerer Konflikte innerhalb der einzelnen Parteimitglieder derselben sowie der anderen Parteien spielt sich sicher dahinter ab.

Es ist festzustellen, dass in der Kommunikation der Vertreterinnen und Vertreter der einzelnen politischen Parteien während der Sitzung keine über das Anbieten eines Lösungsansatzes hinausgehenden konsensfördernden Elemente vorgefunden werden können. Vergeblich wird darauf gewartet, dass Informationen außer Streit gestellt und verfolgte Interessen offengelegt werden. Es ist vielmehr ein Bild des Schlagabtausches zwischen Regierungsfraktionen und Regierung auf der einen Seite und den Oppositionsparteien auf der anderen Seite zu beobachten. Es erfolgen versteckte Angriffe auf das Image des Gegenübers ebenso wie einladende als auch untergriffige Appelle an den jeweils anderen beziehungsweise die jeweils andere. Dadurch wird der Eindruck eines hocheskalierenden Konfliktes erweckt, zu dem es nur noch einer nicht ernst genommenen Drohung bedürfte, dass der Streit in einen Wettkampf der allseitigen Bereitschaft zur Vernichtung um jeden Preis kommt. Lediglich zwischen den Regierungsfraktionen wird zwar – vor allem in Seitenbemerkungen und Andeutungen – auch Kritik ausgetauscht, dabei aber darauf geachtet, den potenziellen Win-win-Bereich nicht zu verlassen.

Da sich hinsichtlich der Konflikttiefe Zweifel ergeben haben, werfen wir, bevor darüber nachgedacht werden kann, ob die Einführung von Mediation oder zumindest mediativer Elemente in diesen Prozess hilfreich ist, nochmals einen genauen Blick auf die Frage: Kann bei den Streitereien in einer Nationalratssitzung tatsächlich von einem Konflikt gesprochen werden und gegebenenfalls: zwischen welchen Akteurinnen und Akteuren? Dabei gilt zu beachten, dass in Anlehnung an Glasl vom Vorliegen eines Konfliktes ausgegangen werden kann, wenn im Gegensatz zur bloßen Differenz in den Standpunkten zumindest einer der beiden Kommunikationspartnerinnen beziehungsweise Kommunikationspartner sich emotional in das Thema verstrickt fühlt. Nur wenn die Artikulation einer anderen Sichtweise zu einem Thema als Behinderung selbstverwirklichten Denkens, Empfindens oder Wollens erscheint, ist von einem Konflikt auszugehen. Zur reinen Sachebene ist dann das Gefühl hinzugetreten, es geht plötzlich nicht nur um ein für einen außenstehenden Dritten hörbares Thema im Gespräch, es geht nunmehr auch um die Befriedigung eines Bedürfnisses: in leichteren Fällen dem nach Selbstverwirklichung, nach Anerkennung.

In der gemeinsam beobachteten Nationalratssitzung konnten in diesem Sinne zahlreiche Differenzen in den Standpunkten angetroffen werden, zu denen auch Anzeichen für eine emotionale Verstrickung in der Körpersprache und in der Artikulation erkannt werden können. Immerhin geht es um das Gehörtwerden. Das Motiv und das zugrunde liegende Bedürfnis sind dabei mehrdeutig: Es sprechen Anzeichen dafür, dass es um die Anerkennung, das heißt um die Anerkennung der Regierung durch das Parlament und umgekehrt geht. Die Regierung wünscht sich Anerkennung für die Arbeit ebenso wie das Parlament. Ebenso gibt es Anhaltspunkte, die das Bedürfnis der Anerkennung durch die Bevölkerung zum Ausdruck bringen – immerhin gilt es, wiedergewählt zu werden. Und hier möchte jede und jeder sich als die beste Wahl profilieren. Es ist aber auch erkennbar, dass es um die Durchsetzung von Interessen geht, welche als Mandat der wählenden Individuen im Einzelnen und der Gesellschaft als Ganzes eingebracht werden. Immerhin soll ja die Rechtsordnung ständig so angepasst werden, dass alle Menschen daraus jene Sicherheit gewinnen können, derer sie für eine freie Selbstentfaltung in einem gerechten Umfeld bedürfen.

Nun ist es von großer Bedeutung, welches dieser Motive Haupttriebfeder der Geschehnisse während einer Sitzung ist. Je deutlicher es um den Konflikt als Gelegenheit der Verschaffung eines Wettbewerbsvorteiles durch Desavouierung anderer Meinungen geht und je weniger es dabei um die Interessen der Gesellschaft geht, desto größer wird die Gefahr der Ansteckung der Gesellschaft mit der destruktiven Kraft der Konflikteskalation sein. Politikverdrossenheit als Flucht oder Auflehnung gegen das System werden durch den dabei auftretenden Legitimitätsverlust der Politik provoziert. Je deutlicher aus einem gesunden Konkurrenzkampf um die Durchsetzung von interessenbasierten Standpunkten die pure Rivalität um die Gunst der außerhalb des räumlichen Settings stehenden Individuen erwächst, desto mehr wird solchermaßen das Funktionieren der Demokratie gefährdet. Es wird dabei nämlich nicht nur der Weg zur Erreichung einer konsensualen Lösung im von Schwarz (2010, S. 147 ff.) als solchen beschriebenen Koalitionskonflikt zunehmend erschwert, es sind auch Auswirkungen über den oben in Anlehnung an Pelinka (2010, S. 33 ff.) und Luhmann (2010, S. 142 ff.) ausführlich geschilderten Wechselbezug von Konkordanz und Konflikt zwischen Politik und Gesellschaft auf die gesellschaftlichen Strukturen unaufhaltsam. Die Konfliktkultur im Nationalrat hat hier einen direkten Einfluss, der nicht übersehen werden darf. Unbedacht entfachte Feuer können sich rasch ausbreiten.

Es bieten sich somit auch aus Perspektive eines Beobachters des Verhaltens während einer Nationalratssitzung weitere Anhaltspunkte dafür, dass die bereits in der Analyse des Settings ausgemachten Felder der Implementierung für Mediation zur Stärkung unserer Demokratie gegeben sind; darüber hinaus kann auch ein Mehrwert für die Verhandlungsführung und die Kommunikationsabläufe erkannt werden. Es wird immer deutlicher: Unsere Demokratie bedarf der Mediation!

Zwischenergebnis

Das derzeitige Geschehen im Parlament ist aktuell stark geprägt von einer im Wesentlichen auf Formalismen beschränkten Vorsitzführung und einer Sitzordnung, welche auf Fixierung, Trennung und Opposition zwischen den Akteurinnen und Akteuren basiert. Es verwundert dabei vor diesem Hintergrund nicht weiter, dass die Kommunikation in einer Nationalratssitzung vor allem auf die Darstellung von Standpunkten reduziert ist. Diese Rahmenbedingungen erscheinen schwer geeignet, der Betrachterin beziehungsweise dem Betrachter ein Bild eines Umfeldes für eine konsensorientierte Lösungsfindung zum Wohle der Gesellschaft zu bieten. Dies kommt auch im Schlagabtausch zwischen den Abgeordneten mit in die Eskalationsstufen nach Glasl einzuordnenden Merkmalen zum Ausdruck. Mediative Elemente bieten hier die Chance einer Verbesserung der eigentlichen Aufgabenstellung des Nationalrates, Gesetze zu erlassen zur Absicherung des Rahmens der Gesellschaft und der Individuen zur Ermöglichung ihrer Entfaltung und Weiterentwicklung. Dies scheint nämlich aus der Außenperspektive in den Hintergrund zugunsten einer Inszenierung der Akteurinnen und Akteure gedrängt worden zu sein. Mit der Folge, dass die Politik ihre Legitimität zunehmend einbüßt, da die Akteurinnen und Akteure mit ihrem Verhalten die Möglichkeit der Erlangung von Macht verlieren und die Instrumente der Gewalt, auf denen sich ein Herrschaftsanspruch alternativ stützen könnte, im Rahmen des in unserem Kulturkreis akzeptablen Rahmens nicht mehr auszureichen scheinen.

In einem Zwischenergebnis kann somit festgestellt werden, dass

* in den Kommunikationsabläufen Anzeichen für einen Konflikt zwischen den Abgeordneten und der Regierungsvertretung sowie zwischen den Abgeordneten der unterschiedlichen Parteien auftreten. Allerdings bestehen Zweifel darüber, inwieweit es sich hier um interpersonelle Auseinandersetzungen auf der Mikroebene handelt und wer die Adressatin beziehungsweise der Adressat ist.

* die Sitzungsführung als rein auf Formalismen beschränkt wahrgenommen wird. Ohne ordnenden Eingriff auf eine zielorientierte Interessenverfolgung durch die Abgeordneten hat sie auch keine inhaltlichen Auswirkungen auf den Verhandlungsverlauf; dies wird gerade in Sitzungen wie der beobachteten, zu welcher keine vorbereitende Befassung von Ausschüssen vorgesehen ist, schlagend.

* die Abgeordneten regelmäßig nicht körperlich anwesende Akteurinnen und Akteure des Konfliktgeschehens in die Verhandlungen argumentativ einbinden und auch die Beobachterinnen und Beobachter scheinbar aus der nicht teilnehmenden Rolle in das Konfliktgeschehen passiv partizipativ in Form einer zugesprochenen Opferrolle hereinholen; bereits während der Verhandlungen ist in

einer Parallelsicht auf das Umfeld zum Geschehen im Nationalrat eine sehr starke Einbindung der Massenmedien zu beobachten.

* in einer Nationalratssitzung weniger Elemente eines Aushandlungsprozesses beobachtbar sind als vielmehr Inszenierungen mit symbolischer Argumentation vor einer großen Öffentlichkeit; eine Parallelsicht auf die Verfahrensabläufe abseits einer öffentlichen Plenarsitzung lässt darauf schließen, dass die vorgetragenen Standpunkte nach einem vorangegangenen Aushandlungsprozess hinter den Kulissen in fraktionellen und interfraktionellen Gesprächsrunden wie etwa den Ausschusssitzungen eine letzte Möglichkeit eines Korrektivs vor der tatsächlichen Beschlussfassung darstellen.

* für die subjektive Sicht der Abgeordneten zum Selbstverständnis eine bloße Beobachtung in der vorgenommenen Tiefe nur erste Schlüsse und die Bildung von Hypothesen zulässt, die allerdings zu ihrer Verifizierung eines weiteren Erhebungsschrittes bedürfen.

Es liegen demnach mehrere Anhaltspunkte dafür vor, dass Mediation zumindest einen Mehrwert für Demokratie bringen kann. Für eine abschließende Diskussion erscheint es allerdings noch interessant, auch das Selbstverständnis der Abgeordneten noch näher zu beleuchten, um zu einem abgerundeten Bild zu kommen. Wir wissen nun, wie wir mit unserem Kurt Politik von außen sehen können – doch wie sehen das die Abgeordneten selbst?

Das Selbstverständnis der Abgeordneten

Nachdem es sich bei Konflikten um ein soziales Phänomen mit sehr starken subjektiven Komponenten handelt, fehlt in der vorliegenden Beobachtung im österreichischen Nationalrat also bislang ein Einblick in die innere Interessenlage der Abgeordneten, welche in den von außen beobachteten und analysierten Wortmeldungen vertreten wird. Ein möglicher Weg, diesen Aspekt zu erhellen, ist jener, die Eigeneinschätzung der beobachteten Akteurinnen und Akteure des Nationalrates zu erforschen. In Anzahl und Formulierung von den verwendeten Konfliktmodellen zuordenbaren Wortmeldungen etwa können zwar Indikatoren für das Vorliegen von Konflikten ersehen werden, inwieweit hier Interessen welcher Ebene einen Antrieb darstellen, kann in der Beobachterrolle allerdings nur schwer ausgemacht werden. Hier kann eine Befragung der Akteurinnen und Akteure besser Aufschluss geben.

Es wurde daher in einer eigenen Studie des Autors erhoben, wovon das Selbstverständnis der Abgeordneten getragen ist. Mit einem 73 Items umfassenden Fragebogen, der allen 183 Abgeordneten übermittelt wurde, wurden dabei folgende Annahmen geprüft:

1. Abgeordnete sind Teilhaberinnen und Teilhaber der im Verlauf einer Nationalratssitzung beobachtbaren Konflikte; das heißt: Sie sind zur Regelung des Konfliktes auf die Mitwirkung beziehungsweise Zustimmung mindestens einer weiteren Person(-engruppe) angewiesen, welche vordergründig nicht in Erscheinung tritt.

2. Die Rahmenbedingungen für eine Nationalratssitzung
   sind diskurshinderlich und ermöglichen keine Konsensualisierung.
3. Die Wortmeldungen in einer Nationalratssitzung dienen
   der eigenen Darstellung und nicht der Konsensualisierung zu themenbezogenen Interessen der Gesellschaft.

Die Studie hat bemerkenswerte repräsentative Ergebnisse
gebracht, welche im Folgenden in den wesentlichen Eck-
punkten kurz dargestellt werden:

Ein abseits der eigentlichen Forschungsfrage erzieltes Be-
obachtungsergebnis, das eine kurze Erwähnung verdient,
ist, dass es zwischen dem Selbstbild der Abgeordneten im
Zusammenhang mit der Forschungsfrage keine Korrelation
zur Erfahrung gibt. Darin kann ein wissenschaftlicher Be-
leg dafür gesehen werden, dass das Vorurteil, demzufolge
Quereinsteiger und Jungpolitikerinnen und -politiker anders denken bezüglich parlamentarischer Einschätzungen,
keine Rechtfertigung im beobachteten Kontext findet.

Das Selbstbild der Abgeordneten bietet eine Bestätigung
der getroffenen Annahmen:

* Die von der Politik rezipierten Konflikte in der Gesellschaft werden in einer Nationalratssitzung sichtbar. Dabei orientieren sich die Abgeordneten, die hier primär
  keine auf die Durchsetzung eigener Interessen basierten
  Handlungen setzen und somit lediglich Teilhaberinnen
  und Teilhaber dieser Konflikte sind, die es am Ort der
  Aushandlung demokratischer Rahmenbedingungen, also
  dem Nationalrat, einer konsensualen Transformation in
  Gesetze zuzuführen gilt, immer wieder an den Interessen

der Bürgerinnen und Bürger. Sie leiten ihre Standpunkte jedoch in erster Linie aus den Parteiprogrammen – dem Produkt eines meist Jahre, wenn nicht sogar Jahrzehnte, zurückliegenden mehr oder weniger demokratischen Aushandlungsprozesses innerhalb der den jeweiligen Werten verschriebenen Teilgesellschaft – ab und versuchen, die Bürgerinnen und Bürger von ihren Ansätzen und Haltungen zu überzeugen, anstatt diese im Rahmen einer Optionensuche einzubinden. Dies führt zu einer Rückübertragung des Konfliktes hinsichtlich unberücksichtigt gebliebener Interessen auf die Gesellschaft in einer um die Stilmittel in der Darstellung der Standpunkte in den Wortmeldungen der Abgeordneten bis hin zu ausgesprochenen Drohungen angereicherten Eskalationsstufe: Interessen werden zwar wahrgenommen, aber nicht in einer für die Bevölkerung transparenten Weise diskutiert und allseitig gewinnbringenden Lösungen zugeführt. Eine Nationalratssitzung, die als eines der wenigen Gremien demokratischer Aushandlung leicht zugänglich für alle Bürgerinnen und Bürger im Fernsehen übertragen wird, wird von den Abgeordneten lediglich als Formalakt zu bereits abgeschlossenen Verhandlungen betrachtet und als Gelegenheit wahrgenommen, die Bürgerinnen und Bürger vom eigenen Standpunkt, der allenfalls auch überstimmt wird und in der tatsächlichen Beschlussfassung daher keine Berücksichtigung findet, zu überzeugen. Die Abgeordneten als Teilhaberinnen und Teilhaber des Konfliktes in diesem Kontext symbolischer Demokratie, den sie im Rahmen ihrer repräsentativen Funktion übernommen haben, rückübertragen damit die Verantwortung für unberücksichtigt gebliebene Interessen, die ausführlich mit Standpunkten angereichert dargestellt wurden, an die Gesellschaft.

* Die Erhebungen zum Selbstbild der Abgeordneten bieten im Zusammenhang mit den Beobachtungen des Verlaufes einer Nationalratssitzung auch Zusatzinformationen hinsichtlich der Kommunikationsstrukturen: Während selbst stark auf der Appellebene in Richtung der Bürgerinnen und Bürger kommuniziert wird, fällt die hohe Bereitschaft zur Kommunikation auf Ebene des Informationsaustausches zwischen den Abgeordneten bei gleichzeitiger Abgrenzung auf, womit die Sach- und die Beziehungsebene aktiv angesprochen werden. Gleichzeitig wird im Kontext zu den anderen Abgeordneten allerdings das Fremdbild der Ausrichtung auf Eigeninteressen des bestmöglichen Abschneidens bei der nächsten Wahl unterstellt, wodurch ein unvoreingenommener Dialog auf der Sachebene erschwert wird. Zwar wird dem Informationsaustausch im Selbstbild der Abgeordneten auch in Richtung der anderen Abgeordneten ein hoher Stellenwert eingeräumt, allerdings bedürfte es zu einer Ermöglichung einer konsensualen Einigung zunächst einmal auf die Ausgangsgrundlage zu den auf der Tagesordnung befindlichen anstehenden Entscheidungen des Aufeinandertreffens der korrelierenden Kommunikationsebene zwischen den Abgeordneten. Ohne diese dient der angebotene Austausch von Informationen weniger der befruchtenden Annäherung in der Alternativenfindung zu Lösungen mit größtmöglicher Berücksichtigung aller durch die Abgeordneten eingebrachten Interessen der Bürgerinnen und Bürger als vielmehr der Grundlage für eine abgrenzende wechselseitige Unterstellung, von

falschen Grundlagen auszugehen und damit den falschen Standpunkt zu vertreten.

* Die Geschäftsordnung und die räumlichen Gegebenheiten werden hinsichtlich einer Plenarsitzung des Nationalrates, legt man den Fokus auf tatsächliche Aushandlungsprozesse, als nicht hilfreich empfunden: Sitzungsräume, Ausschüsse beziehungsweise bezeichnenderweise ein anderer „neutraler Ort" werden bevorzugt, wenn es um wirkliche Verhandlungen geht, was aber auch einen zum Teil ausdrücklich angesprochenen Ausschluss der Öffentlichkeit bedingt. Dabei wird allerdings ein Filter gesetzt, welcher die für das friedliche Funktionieren der Gesellschaft so bedeutsame Arbeit der Abgeordneten für die Öffentlichkeit auf den Dissens fokussiert: Während der Weg zu den zahlreichen positiven Verhandlungsergebnissen nicht öffentlich ist, werden zu kontrovers bleibenden Themen die verhärteten Fronten präsentiert und ausführlich dargestellt.

* Was formelle Kriterien wie Rednerliste und Redezeitbeschränkungen anbelangt, geben die Abgeordneten an, dass sie diese durchaus als hilfreich sehen. Bei diesen Elementen, welche auch in der Mediation durchaus Platz finden können, handelt es sich somit um offenbar bewahrenswerte Regeln.

* Interessant ist, dass Expertinnen und Experten ein hoher Stellenwert beigemessen wird. In diesem Kontext bietet sich ein auch von Plé (2014, S. 60) gesehener möglicher Anknüpfungspunkt der Beratungswissenschaften an den symbolischen Interaktionismus, welcher in die Überlegungen zur Art und Weise der Implementierung von Mediation in unserer Demokratie mit einfließen kann:

Der Berater beziehungsweise die Beraterin als „Weiser" beziehungsweise „Weise" in der Diktion Goffmanns und die Schaffung eines neuen Rahmens mediativer Demokratie. Ersteres bedeutet, dass ein „sympathisierender anderer" beziehungsweise eine „sympathisierende andere", also eine Person, die zwar der betroffenen sozialen Gruppe der Abgeordneten nicht angehört, aber aus beruflichen Gründen oder kraft der Sozialstruktur eng mit dieser Gruppe verbunden ist, eine wichtige Mittlerrolle zu anderen sozialen Gruppen wie etwa den übrigen Akteurinnen und Akteuren im demokratischen Kontext, das heißt vor allem den Bürgerinnen und Bürgern, einnehmen kann. Diese Person kann dann der Interaktion zwischen den Rollen einen neuen Rahmen geben, in dem einer gemeinsamen Sicht auf die zu behandelnden Interessen und Bedürfnisse neuer Raum gegeben wird. In diesem neuen Rahmen, der durch inhaltliche und auch räumliche Settingkomponenten Unterstützung erfährt, erhält die Interaktion durch eine neu definierte Symbolik allein durch die Steuerung durch den Weisen beziehungsweise die Weise eine andere Dynamik des gegenseitigen Verstehens.

Zusammenfassung

Die hier dargestellten Beobachtungen und Erhebungen im österreichischen Nationalrat bestätigen somit in Summe: Unsere Demokratie bedarf der Mediation, möchte sie sich ihrem eigenen Wesen entsprechend weiterentwickeln. Gegenwärtig ist zwar nicht zu verkennen, dass die

Abgeordneten gute und wertvolle Arbeit für das Funktionieren unserer Gesellschaft leisten durch die ständige Adaption des rechtsstaatlichen Rahmens an die aktuellen Herausforderungen, allerdings basiert die öffentliche Darstellung zu stark auf einem Dissens und die Ausrichtung der Interessenlagen zu sehr auf den Grundsätzen der Parteiprogramme und damit nur gefiltert auf den Interessen der Bürgerinnen und Bürger. Bei der Vielschichtigkeit der Interessen des modernen Bürgers beziehungsweise der modernen Bürgerin, die sich mit den aus einem Wertegebilde abgeleiteten Lösungen eines einzigen Parteiprogramms, das noch dazu in den meisten Fällen bereits jahrzehntelange gesellschaftliche Veränderungsprozesse unverändert überdauert hat, nicht zufriedenstellend abdecken lassen, bedeutet das eine regelmäßige Frustration der Bürgerinnen und Bürger: einmal, wenn ihnen erklärt wird, dass es zwar jemanden gibt, der denselben Standpunkt vertritt, der aber von den die Mehrheit bildenden Abgeordneten verkannt werde, ein andermal, wenn sie sich anhören müssen, dass eine missfallende Lösung vermeintlich gerade in ihrem Interesse – allerdings abgefälscht durch ideologische Sichtweisen eines Parteiprogramms – getroffen wurde. Eine um mediative Elemente angereicherte Demokratie kann helfen, das Vertrauen der Bevölkerung in die Lösungskompetenz der Abgeordneten entlang der in der Gesellschaft empfundenen Bedürfnisse zu steigern und zugleich auch das Selbstbewusstsein der Individuen zu stärken, auch selbst aktiv eingreifen zu dürfen. Mediation vermag hier auf Grundlage der mit dem Wesen der Demokratie gleichgelagerten Orientierung an heterogenen Interessenlagen, die nach einer eigenverantwortlichen Lösungsfindung für einen zukünftigen Rahmen des friedlichen Miteinanders rufen, wertvolle Beiträge zu leisten und die Politikverdrossenheit wieder zurückzudrängen. Da wie dort ist es dabei nicht abträglich, sich bei der Verständigung zu komplexen Sachverhalte der Symbolik zu bedienen, wobei die mediative Grundhaltung dabei verhindert, dass Symbolik in Täuschung abgleitet.

Großgruppenmediationen

Anwendungsbereiche

In den letzten Jahren wurde bei Großprojekten wiederkehrend auf in der Öffentlichkeit viel beachtete und auch diskutierte Mediationen mit durchwegs unterschiedlichen Ergebnissen zurückgegriffen. Es wurde hier ergänzend zu den Entscheidungsabläufen in den demokratischen Beschlussgremien und den Behörden somit ganz bewusst die direkte Einbindung der Bevölkerung vorgenommen. Auf diese Weise wird in der Regel dem Ruf der Bürgerinnen und Bürger, an politischen Entscheidungen direkt gestaltend mitzuwirken, Rechnung getragen und damit die Möglichkeit eingeräumt, eine Interessendurchsetzung nicht bloß im repräsentativen Weg über die gewählten Politikerinnen und Politiker zu verfolgen.

Der Bahnhofsneubau Stuttgart 21, aber auch andere Projekte wie etwa die vierte Landebahn am Frankfurter Flughafen oder die Errichtung von Mobilfunkanlagen beziehungsweise von Windrädern in der modernen Stromerzeugung aus Windkraft, bieten hier im Wege der gewonnenen Erfahrungen auf eindrucksvolle Weise Einblick in die Chancen, aber auch Grenzen einer Großgruppenmediation. In all diesen Verfahren geht es dabei nicht bloß um ein Infrastrukturprojekt – es geht hier jeweils auch darum, die Möglichkeit der persönlichen Einbringung jener Interessen zu bieten, die in den formellen Verfahren verschiedener zuständiger Behörden nur abstrakt, also von den Individuen losgelöst, Berücksichtigung finden könnten trotz einer großen individuellen Betroffenheit des Einzelnen beziehungsweise des Einzelnen von den Ergebnissen. Durch diese Möglichkeit der Mitwirkung der Bürgerinnen und Bürger im Verfahren selbst wird es möglich, die Akzeptanz für eine ansonsten abstrakt gebliebene Entscheidung am Ende des Prozesses zu steigern. Mediation begleitet die Gesellschaft also dabei, wo immer es hilfreich erscheint, hoheitliche Eingriffe in vorgezeichneten politischen und behördlichen Abläufen zu ergänzen beziehungsweise sogar zu ersetzen durch eigenverantwortliche Vereinbarungen der Betroffenen. Dies bedeutet eine Win-win-Situation für alle Akteurinnen und Akteure: Die knappen staatlichen Ressourcen werden entlastet, die Politik entgeht Massenprotesten jener Individuen, die sich nicht gehört und damit übergangen fühlen, und die Bürgerinnen und Bürger erleben die Möglichkeit zurückgewonnener Selbstbestimmung.

Die Beauftragung

Die Beauftragung zu einer Mediation findet in diesem Kontext zumeist vonseiten der Verwaltung beziehungsweise Politik statt. Dies ist insbesondere dann der Fall, wenn ein Projekt aus den Erfahrungen zu gleichgelagerten Vorhaben, wie dies etwa beim Frankfurter Flughafen mit der

Vorgeschichte der massiven Proteste und Auseinandersetzungen anlässlich der Errichtung der Startbahn West in den
70er- und 80er-Jahren des vorigen Jahrhunderts deutlich
zu erkennen ist, in Art und Umfang der Betroffenheit der
Bevölkerung darauf hindeutet, dass es zu einer starken Betroffenheit von individuellen Interessen kommen kann.

Der Auftragsklärung kommt dabei eine Schlüsselrolle zu,
die über Gelingen oder Scheitern der Mediation bereits entscheiden kann: Es ist als erster Schritt ein klares Bekenntnis des Auftraggebers beziehungsweise der Auftraggeberin
zur Mediation als zwar zielgerichtetes, aber ergebnisoffenes
Verfahren erforderlich. Seitens der Politik durchaus nach-
vollziehbare Ansinnen, einen bloßen Informationsaustausch
zu moderieren oder gar die übrigen Stakeholder von einem
vorgefassten Ergebnis zu überzeugen, haben mit Mediation
allerdings nichts zu tun und dürfen daher auch nicht unter
diesem Titel umgesetzt werden. Es ist ganz klar zu definieren,
was Gegenstand der Mediation ist, wozu also tatsächlich die
Freiheit aller Beteiligten besteht, den eigenen Interessen und
Bedürfnissen gerecht werdende Lösungen auszuarbeiten,
und was als unverrückbare Rahmenbedingungen lediglich
Gegenstand einer Informationsveranstaltung sein darf und
somit von der Mediation ausgespart bleiben muss. Ebenfalls vorstellbare Ausarbeitungen von Alternativen unter
Einbezug aller Beteiligten, zu denen sich der Auftraggeber
allerdings vorbehalten möchte, ob er die Ergebnisse dennoch in einer anderen Form umsetzt, sind als Moderationen
zur Entscheidungshilfe zu bezeichnen. Für die transparente
Darstellung des Auftrages im Sinne dieser Klarstellung ist
der Auftraggeber beziehungsweise die Auftraggeberin vor
den Teilnehmerinnen und Teilnehmern am beauftragten

Prozess verantwortlich, in letzter Konsequenz hat der Mediator beziehungsweise die Mediatorin die eigene Rolle im Sinne einer Moderation oder einer echten Mediation mit ergebnisoffener Zielverfolgung transparent zu machen.

Anlässlich der Beauftragung ist ebenfalls zu klären, wer alles in eine Mediation mit einzubinden sein wird. Hier ist eine zutreffende Einschätzung sämtlicher Personenkreise und deren allfälliger Opinionleader, die von dem zur Disposition stehenden Vorhaben betroffen sind in deren Bedürfniserfüllung, von essenzieller Bedeutung. Wird hier in der Festlegung nämlich versäumt, eine Person beziehungsweise Personengruppe mit einzubeziehen, die Interessen mit einzubringen hätte in die Verhandlungen, so besteht zwar unter Umständen auch während des Prozesses noch die Möglichkeit der Nachholung dieses Versäumnisses, allerdings ist die Wahrscheinlichkeit des Scheiterns des Verfahrens erhöht, zumal es darin ja um die Einbindung sämtlicher Stakeholder in die Auswahl der besten unter den in Eigenverantwortung entwickelten Lösungsmöglichkeiten geht.

Es empfiehlt sich, ebenfalls bereits im Vorfeld die Meinung von Expertinnen und Experten zu dem zur Disposition stehenden Vorhaben einzuholen. Dabei sind die aus Sachverständigensicht gegebenen Voraussetzungen und damit möglichen Spielräume aus technischer Sicht abzuklären.

Diesen Vorbereitungen ist hohes Augenmerk zu schenken, zumal in dieser Auftragsklärung Weichen gestellt werden, die zu einem späteren Zeitpunkt kaum mehr umkehrbar sind. Es empfiehlt sich daher, bereits hier einen Mediator beziehungsweise eine Mediatorin eine vorausgehende Interessen- und Konfliktanalyse vornehmen zu lassen, bei der mit der entsprechenden wissenschaftlichen Analyse in strukturierten Verständigungs- und Verhandlungsprozessen gemeinsam mit dem Auftraggeber beziehungsweise der Auftraggeberin erwartbare Probleme diagnostiziert, Analysen erstellt, und potenzielle Handlungsoptionen für alle Beteiligten erörtert werden. Bedeutsam ist es auch, offene Fragen zu identifizieren und dazu alle verfügbaren Informationen für eine Offenlegung gegenüber den am Mediationsprozess beteiligten Personen vorzubereiten sowie die eigene Interessen des Auftraggebers beziehungsweise der Auftraggeberin transparent zu machen.

Der Ablauf

Im daran anschließenden tatsächlichen Mediationsprozess sind alle Beteiligten, welche zuvor als potenziell in ihren Interessen betroffen und daher für eine Lösungsfindung von Relevanz seiend identifiziert wurden, eingeladen. Die konfliktrelevanten Interessengruppen werden sich meist aus Vertreterinnen und Vertretern von Umweltverbänden, Bürgerinitiativen, Verwaltungen und Gemeinden zusammensetzen. Es gilt, hier rasch vertrauensbildende Maßnahmen in den Prozess der Mediation, aber auch in die allparteiliche Stellung des Mediators beziehungsweise der Mediatorin zu setzen: Dies wird einerseits durch die Vereinbarung klarer Strukturen und das seitens des Auftraggebers beziehungsweise der Auftraggeberin in Anwesenheit aller wiederholte Bekenntnis zu einer ergebnisoffenen, wenn auch zielgerichteten Aushandlung erfolgen können, aber auch durch eine Sicherstellung eines Machtausgleiches zwischen allen Beteiligten. So ist es beispielsweise ratsam, nicht nur alle verfügbaren Informationen offenzulegen, es ist auch angezeigt, eine Einigung hinsichtlich der gegebenenfalls erforderlichen Ressourcen zu treffen: zusätzliche Gutachten, die gemeinsam beauftragt werden, eine klare Einigung über finanzielle Aspekte des Verfahrens und auch eine entsprechende Berücksichtigung personeller und zeitlicher Möglichkeiten, die Erstellung von Protokollen zu den Sitzungen und der Umgang mit der Öffentlichkeit hinsichtlich der Sitzungsinhalte. Eine Einigung über derlei Nebenfragen hat dabei nicht nur den Aspekt der Herstellung einer Vertrauensbasis. Es ist dies auch die erste Möglichkeit der Beteiligten, in dieser Konstellation das Erlebnis einer erfolgreichen Einigung auf etwas zu erleben, wobei sämtliche Bedürfnisse gleichermaßen Eingang und Berücksichtigung finden unter Anleitung des Mediators beziehungsweise der Mediatorin.

Während des weiteren Prozesses wird es am Geschick des Mediators beziehungsweise der Mediatorin liegen, allenfalls anzutreffende Asymmetrien im Kommunikationsprozess zwischen den Beteiligten abzubauen und die Stakeholder entlang der Erhebung und Behandlung vorhabensrelevanter Themen und Bedürfnisse über die Optionensuche hin zu einer gemeinsamen Lösungsfindung und -vereinbarung zu begleiten.

Unterschiede und Gemeinsamkeiten

Die Vorbereitungen zu einer Nationalratssitzung wie auch zu einer Großgruppenmediation verlaufen unter Ausschluss der Öffentlichkeit. Es wird jeweils in der Sitzung dann transparent gemacht, was die Übereinkünfte aus den Besprechungen hinter verschlossenen Türen waren.

Im Verlauf einer Nationalratssitzung treten die Interessen der Bürgerinnen und Bürger lediglich in Form der Argumentation für die Richtigkeit bezogener Standpunkte zutage; primäres Augenmerk wird in den Wortmeldungen darauf gelegt, sämtliche Beteiligten davon zu überzeugen, dass die vertretene Lösungsvariante zum thematisierten Problem die einzig richtige ist. Demgegenüber ist in der Großgruppenmediation eine Erhebung aller zu einem Tagesordnungspunkt gehörenden Interessen der beteiligten Akteurinnen und Akteure zwingend vorgesehen, wobei zu den identifizierten Optionen jeweils eine möglichst vollständige Berücksichtigung geprüft und in der Lösung angestrebt wird. Letzteres steht im Kontrast zu den parlamentarischen Rahmenbedingungen, die einen Mehrheitsentscheid als ausreichend vorsehen und in der Regel auch keine darüber hinausgehenden Bemühungen erkennen lassen.

In der Großgruppenmediation sind meist Repräsentantinnen und Repräsentanten von Gesellschaftsgruppen vertreten, die ihrerseits eine Beauftragung zur Durchsetzung der Interessen von darin zusammengesetzten Gruppen von Individuen haben. Dies ist mit der Legitimität der Abgeordneten auf den ersten Blick gleichzusetzen. Allerdings sind die in der Großgruppenmediation auftretenden Interessenvertretungen oft anlassfallbezogen eingerichtet und daher mit keinem allgemeingültigen Programm ausgestattet, weshalb hier regelmäßig eine Rückkoppelung zu den jeweiligen Personenkreisen gepflegt wird.

In den räumlichen und prozeduralen Rahmenbedingungen gibt es hinsichtlich des Ablaufes im Parlament ein starres Reglement, in der Großgruppenmediation obliegt es den Beteiligten unter Anleitung des Mediators beziehungsweise der Mediatorin, sich einen jeweils hilfreich erscheinenden Rahmen zu geben.

Eine Nationalratssitzung wird geleitet von der Präsidentin beziehungsweise vom Präsidenten innerhalb im Wesentlichen auf formale Aspekte zusammengefasster Kompetenzen. In einer Großgruppenmediation begleitet ein Mediator beziehungsweise eine Mediatorin unter Einsatz einer Vielzahl psychologischer, kommunikations- und sozialwissenschaftlicher Instrumente, wobei diese nach der Maßgabe ausgewählt und eingesetzt werden, als sie als für den Prozess hilfreich eingeschätzt werden, die Akteurinnen und Akteure zu eigenverantwortlichen Lösungen zu begleiten.

Zusammenfassend kann Mediation im öffentlichen Bereich in der Regel zu einem allgemein höheren Informationsniveau, zu einem besseren gegenseitigen Verständnis der Akteurinnen und Akteure und zu qualitativ höheren Entscheidungen führen. Eventuell verbleibende Streitigkeiten treten klarer zutage und können dementsprechend sachlich fundierter und weniger emotional bearbeitet und entschieden werden. Dies führt zu politischen Entscheidungen mit einer höheren Akzeptanz und damit auch höheren Legitimität, was die Gefahr von Eskalationen und Folgekonflikten verringert.

4

Schlussfolgerungen und Ausblick

Das Ziel eines Konflikts oder einer Auseinander-
setzung soll nicht der Sieg, sondern der Fortschritt
sein.

(Joseph Joubert)

Braucht unsere Demokratie Mediation?

Die gespürte Legitimierung der Politik als Führungselement
im demokratischen Gefüge stellt, wie das in der Einleitung
angeführte Zitat Arnims (oben S. 4 und 5) sehr kritisch vor
Augen führt, einen besonderen Indikator für die Verfasstheit
von Demokratie dar. Es ist nicht von der Hand zu weisen,
dass in der Demokratie, egal welcher Weg eingeschlagen
wird zwischen Macht und Gewalt als extreme Pole der möglichen Herrschaftsgrundlage, Individuum und Gesellschaft
auf den Ebenen des Herzens und des Verstandes gleichermaßen eingebunden werden müssen. Jeder Appell an die

Notwendigkeit, sich die Legitimität auf ihr Vorhandensein anzusehen, muss daher sehr ernst genommen werden, da dies ein untrügerisches Indiz dafür ist, dass einer der beiden Rezeptoren zu kurz kommt bei den gesetzten Maßnahmen. Entweder wurde auch formal geltendes Recht in der Real-verfassung vernachlässigt oder, weit dramatischer, da nicht mit einem formalen Akt der Änderung der entsprechenden Verfassungsbestimmungen reparierbar, der Verfassungsbo-gen wurde auf der emotionalen Ebene verlassen. Rein ra-tionell ist daher das erwähnte Zitat als unsachgemäße Kritik zu verstehen im Vertrauen darauf, dass Bestimmungen wie etwa das Verbot des Amtsmissbrauchs oder des Wahlbetrugs ohnehin jene Funktionsträgerinnen und Funktionsträger, auf die die Anklage zuzutreffen vermag, zu einer Eliminie-rung führen würden und damit hohen general- und spezial-präventiven Charakter haben. Auf Ebene der Herzen darf eine solche Wertung aber nicht einfach überhört werden – selbst wenn sie noch nicht repräsentativ ist, ist sie dennoch als dringender Appell an eine Homogenisierung von Politik, Gesellschaft und Individuum zu verstehen.

In dem vorliegenden Buch haben Sie, liebe Leserin und lieber Leser, mich dabei begleitet, aus Sicht des Konfliktma-nagements an die Analyse der Ursachen des solchermaßen empfundenen Legitimationsmangels heranzugehen. Ausge-hend von der Prämisse, dass

1. das zunehmende Abwesendsein der Bürgerinnen und Bürger von den Wahlurnen im Konfliktmanagement als ein dem Konfliktlösungsmuster der Flucht zuzuordnen-des Phänomen gewertet werden kann sowie

2. Politik und Konflikt in den Politikwissenschaften als untrennbar miteinander verbunden betrachtet werden,

wurden die im Volksmund als Streitereien bezeichneten Auseinandersetzungen zwischen den Abgeordneten näher betrachtet. Wir haben uns mit den einzelnen Zusammenhängen in der Demokratie beschäftigt und das besondere Verhältnis zwischen Politik und Konflikt eingehend beleuchtet. In einer Nationalratssitzung haben wir auf das von außen wahrnehmbare Geschehen im Sinne einer möglichen Kategorisierung als Konflikt geschaut und die den einzelnen Wortmeldungen zugrunde gelegten Interessen im Selbstbild der Abgeordneten erforscht. Wir haben dabei überlegt, ob so eine Nationalratssitzung stellvertretend für die zahlreichen anderen demokratischen Gremien unserer Demokratie geeignet erscheint für eine konsensorientierte Aushandlung verschiedenster Interessen der Gesellschaft. Dabei wurde der Frage nachgegangen, ob in diesem Feld Konflikte vorliegen, zu deren Transformation Mediation als hilfreiches Instrument – sei es als Verfahren, sei es als Haltung – eingesetzt werden kann.

Im Ergebnis sind wir zum Schluss gekommen, dass die im Verlauf einer Nationalratssitzung wahrnehmbaren divergierenden Standpunkte tatsächlich zahlreiche Merkmale hocheskalierender Konflikte aufweisen. Die Abgeordneten fungieren dabei aber, wie deren Selbstbild deutlich zeigt, lediglich als Teilhaberinnen und Teilhaber: Nicht ihre Interessen sind es, die hier im Zentrum des Aushandlungsprozesses stehen, es sind die Interessen der Gesellschaft in ihren zahlreichen Teilgruppen. Diese sind während einer öffentlichen Nationalratssitzung allerdings lediglich auf die Rolle eines nicht teilnehmenden Beobachters beziehungsweise einer nicht teilnehmenden Beobachterin beschränkt und erhalten, so das Selbstverständnis der Abgeordneten, erklärt, weshalb die verschiedenen, einander ausschließend vorgetragenen Standpunkte für sie und ihre Interessen optimal seien.

Es zeigt sich somit ein Bild von dem für die Öffentlichkeit authentisch, das heißt ohne Filterung durch die Medien, sichtbaren Teil unserer Demokratie, das davon geprägt ist, dass

* kein Aushandlungsprozess zwischen den Abgeordneten in Repräsentanz der Interessen der verschiedenen Teilgesellschaften stattfindet, sondern lediglich Standpunkte demonstriert werden.

* zwar Transparenz gegeben ist in den Parlamentssitzungen – vor den Fernsehbildschirmen, via Livestream im Internet oder auch vor Ort auf der Besuchertribüne kann das Geschehen verfolgt werden –, allerdings dem Selbstverständnis der Abgeordneten folgend eine Filterung der Interessen auf dem Weg zum vertretenen Standpunkt durch Parteiprogramme und nicht öffentliche Gremien erfolgt, ohne dies ausreichend und leicht nachvollziehbar beziehungsweise erlebbar offenzulegen.

* der in der Geschäftsordnung reglementierte Ablauf allen, auch der Minderheit, Raum verschafft, dies aber nicht aufgenommen wird zur Erzielung von Lösungen unter Einschluss der von der Minorität eingebrachten gesellschaftlichen Interessen, sondern lediglich zur Darstellung der eigenen Positionen.

* die Abgeordneten eine Nationalratssitzung mehr als Möglichkeit nutzen, die Richtigkeit der von der eigenen

Partei bezogenen Standpunkte zu erklären und dabei zu demonstrieren, wie man kämpft und verteidigt – weniger, wie man einlenkt und auf kreative Neulösungen kommt, getragen von der Einsicht, dass auch Interessen der Minorität Eingang finden müssen in einen friedenssichernden Rahmen der Gesellschaft.

Demokratie verfolgt jedoch im Urgedanken einen anderen Ansatz, der auf dem Mitwirken aller basiert; wie auch Mediation. Ebenso sollte Demokratie der Gesellschaft und allen ihren Teilgruppen die Sicherheit vermitteln, im Sinne der Gerechtigkeit sämtliche Interessen bestmöglich in einem gemeinsamen Rahmen zu vereinen. Eine Zielsetzung, welche auch in der Mediation Unterstützung findet. Mediation könnte daher tatsächlich hilfreich sein, die Demokratie in Besinnung auf ihren Grundgedanken zu ihren Stärken zurückzuführen. Unsere Demokratie braucht Mediation, wobei allerdings ein großes Augenmerk darauf zu legen sein wird, dass die derzeit nur indirekt während einer Nationalratssitzung anwesenden Bürgerinnen und Bürger einzubinden sein werden. Auch Mediation kann keinen haltbaren Frieden und keine Basis für nachhaltige Sicherheit stiften, wenn versäumt wird, alle am Konflikt beteiligten Personen in Wollen, Können und Tun zu einer Lösungsfindung einzubeziehen.

Bedeutung für eine Demokratiereform

Unsere Demokratie braucht also Mediation. Doch wie dringend und welche sind die ersten mediativen Elemente, die einen rasch spürbaren Mehrwert bringen können? Hat der Konflikt bereits die Bürgerin und den Bürger? Hat sich das Konfliktverhalten im Nationalrat als sichtbarer Schauplatz des institutionalisierten politischen Geschehens übertragen auf die Bürgerinnen und Bürger und sie übernommen? Bedarf es im Konfliktmanagement als „peace now" bekannter Sofortmaßnahmen, da wir tatsächlich bereits, um es mit Ortner (2012) zu sagen, unsere Demokratie mit Vollgas gegen die Wand fahren?

Betrachtet man die Shitstorms in den Social Media, die Aufrufe zum Steuerstreik, Vandalismus gegen Parteilokale und Wahlplakate, so kann man darin Verhaltensmuster erkennen, die auf einen hocheskalierten Konflikt hindeuten. Es scheint daher höchste Zeit, korrigierend einzugreifen. Der Einsatz von Mediation kann hier durchaus noch ein Voranschreiten der Eskalation, die in tiefe Risse durch den gesellschaftlichen Zusammenhalt münden kann, stoppen und den demokratischen Geist wieder zu konstruktivem Leben erwecken. Duss-von Werdt ist beizupflichten, wenn er sagt, Mediation und Demokratie seien vom selben Geist getragen. Ich gehe dazu einen Schritt weiter und komme zum Schluss, dass Demokratie der Mediation bedarf, um ihre konstruktive Wirkung für die Gesellschaft und das Individuum in neuer Kraft entfalten zu können: Mediation ist als Kompetenz notwendig für Demokratie, unsere Demokratie benötigt Mediation. Es bedarf also mediativer Mittel, um unsere Demokratie stabil zu halten und ihr die Chance auf eine friedens- und wohlstandsichernde Weiterentwicklung in unser aller Interesse zu geben. Doch wo beginnen?

Dass Individuum, Gesellschaft und Politik in einem untrennbaren wechselbezüglichen Verhältnis zueinander stehen, wurde hinreichend dargestellt und kann als gegeben betrachtet werden. Diese enge wechselseitige Abhängigkeit stellt den Baustoff für das Funktionieren eines Staates dar. Sie bedeutet aber auch, dass eine hohe Verantwortung jedes einzelnen Akteurs beziehungsweise jeder einzelnen Akteurin für das gesamte System besteht. Das Individuum ist dabei als zentraler Baustein in diesem Gebilde zu betrachten: Es ist nicht nur verantwortlich für die Entfaltung der eigenen Persönlichkeit, gleichsam einer Mitose entwickelt es auch die tragende Rolle der Weiterentwicklung der Gesellschaft, der es angehört, und bekleidet die bestimmende Rolle der Wählerin beziehungsweise des Wählers in der Demokratie. Der einzelne Mensch steht somit in ständiger Wechselbeziehung zu Gesellschaft und Politik, bestimmt diese dabei ebenso mit, wie er über die anderen im System verbundenen Einzelpersonen von ihnen seinerseits bestimmenden Einflüssen ausgesetzt ist. Von Bedeutung ist daher für alle Akteurinnen und Akteure, dass eine Balance gewahrt wird, um eine im Gleichklang mögliche Weiterentwicklung zu begünstigen.

Wenn in diesem System Konflikte ausbrechen, so ist dies zunächst einmal als Zeichen für sein Funktionieren zu betrachten: Zumal Bedürfnisse und Werte in der Moderne eine höchstpersönliche Ausprägung aufweisen, sind Konflikte nämlich als Indizien für einen Aushandlungsprozess der gegenseitigen Wertschätzung zu sehen mit der Möglichkeit, sich auf friedliche Koexistenz der Unterschiedlichkeit bis hin zur wechselseitigen Bereicherung in gemeinsamen Symbiosen der Bedürfnisbefriedigung zu einigen. Dafür bedarf es allerdings eines mediativen Zuganges. Fehlt dieser, so können Konflikte rasch eine Dynamik annehmen, die sich wie ein Buschfeuer auf sämtliche Bereiche der Gesellschaft ausweitet und damit nicht nur das Wachstum gefährdet, sondern zerstörerische Dimensionen bis hin zur Selbstvernichtung annehmen kann.

Wird also in den Medien immer wieder der Konflikt zwischen den gewählten Politikerinnen und Politikern in den Vordergrund gestellt, so wird sich das Individuum als zentraler Bestandteil des Systems dem nicht auf Dauer entziehen können: Zu stark ist der Ruf nach einer Positionierung im Buhlen der Politikerinnen und Politiker um eine Koalition mit den vertretenen Standpunkten. Und wird dann der Konflikt von den Abgeordneten, auch wenn der Nationalrat nur als Bühne symbolischer Inszenierung gesehen wird und keine persönliche Betroffenheit hinter dem dargestellten Konfliktverhalten steht, weiter eskaliert damit, dass dem politischen Gegenüber pauschal Kompetenz abgesprochen wird, für das Wohl der Gesellschaft und die Berücksichtigung derer Interessen sorgen zu können, dass Drohungen ausgesprochen und Horrorszenarien für die persönliche Betroffenheit der Bürgerinnen und Bürger ausgemalt werden, so wird dieser Konflikt auf einer sehr hohen Stufe auf emotionaler Ebene rezipiert vom Individuum und im persönlichen Umfeld fortgeführt. Ein Teufelskreislauf setzt sich damit in Gang.

Nachdem in der Konflikttheorie davon ausgegangen wird, dass das Konfliktverhalten auch nur einer beteiligten Partei ausreicht, um die vom Konflikt betroffenen anderen Akteurinnen und Akteure in den Sog der Konfliktdynamik zu ziehen, ist es für einen ersten Schritt einmal ausreichend, auch in umgekehrter Richtung einer positiven Transformation von Konflikten in jenem Bereich des Zusammenspiels zwischen Individuum, Gesellschaft und Politik mediative Maßnahmen zu setzen, in dem die Implementierung am raschesten möglich ist. Dabei wird wohl das Parlament in Ansehung seiner zentralen formalen Bedeutung für die Demokratie, aber auch im Hinblick auf die überschaubare Größe des Feldes als Ausgangspunkt gesehen werden können. Jedenfalls ist in weiterer Folge ebenfalls zu berücksichtigen, dass einseitige Maßnahmen nur im Nationalrat als Ort des beobachteten Geschehens allein nicht reichen werden, zumal ja ein Ergebnis der in diesem Buch angestellten Überlegungen ist, dass es sich bei den Abgeordneten bloß um Teilhaberinnen und Teilhaber der Konflikte handelt. Es bedarf einer Verständigung aller Beteiligten auf das um Mediation angereicherte neue demokratische Verständnis, bei dem der für die Balance so wichtige Aushandlungsprozess zu Gerechtigkeit wieder Raum hat.

Gerechtigkeit als ein tragendes Streben des Individuums wie auch der Gesellschaft wird in der Mediation und in der Demokratie in der Art unterstützt, dass die einzelne Person sich einbringen kann in die Transformation aus dem Kampf um Gerechtigkeit erwachsender Konflikte. Es ist dem einzelnen Menschen möglich, aufzugehen in der Gesellschaft durch Einordnung in ein kollektiv wirkendes System und zugleich sich auch selbst zu behaupten im Drang nach Selbstverwirklichung im individuellen Fühlen, Wünschen und Handeln. Eine Ambiguität, die von Demokratie wie auch Mediation auf einzigartige Weise zur Zielerreichung nicht nur als nicht hinderlich, sondern sogar als erforderlich betrachtet wird: Die einzelnen Akteurinnen und Akteure fließen gleichsam im Strom der Gemeinschaft mit der zugleich bestehenden Rolle des Felses in der Brandung der eigenen bedürfnisorientierten Zielorientierung.

Ziel ist es also, dass Individuum, Gesellschaft und Politik wieder in einer wechselseitig bereichernden gesunden Beziehung stehen, die von einer Balance geprägt ist. Damit wird die Schismogenese – die Orientierung allen Handelns in der Politik auf die Unterschiedlichkeit oder auch die Einheit als Motor der Gestaltung des gesellschaftlichen Rahmens – zurückgedrängt und einer Entfaltung der Individuen auf der Basis von Interessen und Bedürfnissen, die einander mal widersprechen, mal auch gemeinsam sein dürfen, Raum gegeben. Ist dies gelungen, so stellt dies die Basis dar für das Heben der Wachstumschancen aus den Konflikten, die nicht mehr generationenweise unbehandelt, wenn nicht sogar weiter eskaliert übertragen werden müssen und auf diesem Weg eine Dynamik erlangen, die Gesellschaft, Individuum und Politik gleichermaßen in den Würgegriff nimmt. Dass dies kein Schritt ist, der von heute auf morgen umzusetzen ist, sei dabei unbestritten. Ein Kulturwechsel bedarf eines längeren Prozesses, in den alle beteiligten Gruppen gleichermaßen einzubinden sind; alle Akteurinnen und Akteure müssen erst den Mehrwert, der ihnen aus diesem Pfad der friedlichen Wachstumsdemokratie erwachsen kann, spüren und verstehen können.

Mögliche erste Schritte

Es macht also nicht nur Sinn, Elemente der Mediation in bestimmte Prozesse der modernen Demokratie zu implementieren, es scheint im Sinne der nachfolgenden Generationen geradezu eine Pflicht, diesen Weg zu beschreiten, um die vorhandenen Konfliktenergien nicht mehr in destruktive Eskalationen, sondern in konsensuale Lösungen zu den großen anstehenden Herausforderungen – wie etwa der Überarbeitung des Generationenvertrages im österreichischen Pensionssystem oder global in Fragen des Umweltschutzes und des Umganges mit den überlebensnotwendigen Ressourcen auf diesem Planeten – fließen lassen zu können. Neben Macht statt Gewalt als Führungsstil bedeuten dabei an die Stelle der bloßen Durchsetzung der Mehrheit tretende mediative Merkmale einer Konsenskultur, der veranschaulichten Akzeptanz und der vorgelebten Toleranz wichtige Ergänzungen des Instrumentariums der Politik für die öffentliche Abhandlung demokratischer Prozesse.

Die bereits im Ansatz vorhandenen Elemente der Orientierung an den Interessen der Bürgerinnen und Bürger etwa im Zuge von Gesprächen der Abgeordneten im Vorfeld ihrer Wortmeldungen im Nationalrat sind dabei zu würdigen. Darauf aufbauend gibt es verschiedene Möglichkeiten, mediative Elemente zu implementieren, wobei ein Mix der beispielhaft genannten Maßnahmen wohl am vielversprechendsten ist.

Bis hierher habe ich mich stark zurückzuhalten versucht mit konkreten Vorschlägen für einen anderen Umgang mit den beobachteten Phänomenen. Sie werden sich vielleicht an manchen Stellen des Buches bereits gefragt haben, weshalb ich keine abschließende Lösung zu den aufgeworfenen Fragen anbiete, sondern mich lediglich mit Anregungen begnüge. Das liegt an meinem Zugang als Mediator zu Situationen, die von Menschen als Herausforderung empfunden werden. Anders als in beratenden Berufen üblich sehe ich es in meiner Rolle als Mediator nämlich primär als Aufgabe, in erster Linie verschiedene Sichtweisen auf ein und dieselbe Problematik aufzuzeigen. Dabei liegt mir daran, verfahren erscheinende Situationen aufzulockern durch die Besinnung aller Beteiligten darauf, dass es niemals nur eine Wahrheit und eine Herangehensweise gibt. In weiterer Folge vertraue ich darauf, dass in jedem Einzelnen und jeder Einzelnen von uns ein reicher Schatz an Kreativität im Umgang mit der Suche nach Lösungen gibt. Dafür muss gar nicht auf die Geschichte zurückgeblickt werden, um hier unzählige Beispiele dafür zu finden, dass es immer wieder neue Ansätze gegeben hat und auch geben wird. Ohne diesen kreativen Schatz in uns allen würden wir alle noch in Höhlen wohnen und darauf hoffen, dass wieder ein Gewitter aufzieht und der Blitz in der Nähe einschlägt, damit wir wieder zu Feuer kommen und uns daran wärmen können. Nein, es reicht, wenn wir in unserem Umfeld aufwachsende Kinder beobachten, wie sie mit einer Neugier die Welt Stück für Stück beobachten und mit eigenen kreativen Ansätzen deuten.

Die nachfolgend aufgezählten und kurz angedachten Möglichkeiten der Implementierung mediativer Elemente in unserer Demokratie sollen daher primär als Gedankenanregungen, als Beispiele verstanden werden. Sie sollen einerseits zwar verdeutlichen helfen, dass es bereits sehr kleine Schritte sein können, die große Wirkung zeigen, andererseits aber auch das Bedürfnis in Ihnen, liebe Leserin und lieber Leser, wecken, sicher noch viel bessere Ideen in diese Richtung zu entwickeln und umzusetzen.

Die in diesem Sinne hier aufgezeigten Schritte zielen dabei auf die verschiedenen Rollenbilder ab. Ganz bewusst. Denn damit soll gezeigt werden, dass eine Weiterentwicklung unserer Demokratie keinesfalls nur die Aufgabe der Abgeordneten ist, während sich alle anderen Akteurinnen und Akteure auf kritische Zurufe beschränken können. Jedes einzelne Individuum, in welcher Rolle auch immer, ist hier gefordert, aktiv mitzuwirken entsprechend einer Partizipation, deren Stärke ja Demokratie ausmacht.

Es handelt sich dabei zum Teil um Anregungen, deren Umsetzung relativ rasch und ohne nennenswerten Aufwand möglich ist – was allerdings nicht automatisch heißt, dass auch die zu erwartenden Auswirkungen in ihrer Bedeutung als gering einzuschätzen wären. Andere Empfehlungen brauchen aber sowohl in Vorbereitung als auch in Umsetzung einer längeren Anstrengung, da sie eine Implementierung eines neuen Selbstverständnisses aller Beteiligten voraussetzen. In Summe muss unter Hinweis auf die bereits in der Einleitung genommene Referenz auf Heraklit daran erinnert werden, dass Weiterentwicklung ständigen Fluss und ständiges Streben und Bemühen erfordert – die Ernte dafür sind die Sonnenseiten der Demokratie in Form von friedvollem Wachstum für Gesellschaft und Individuum gleichermaßen.

Stärkung der Gesellschaft durch Eigenverantwortung

Eine der Möglichkeiten ist es, auch innerhalb des Stufenbaus der Rechtsordnung nach Grenzen zu forschen, für welche Bereiche es auf dem neu zu schaffenden Klima mediativer Demokratie aufbauend keiner Befassung des politischen Parteiensystems bedarf: Als Arbeitsthese könnte hier ein vielversprechender Ansatz dienen, dass Mediation ein Verfahren zur Verfügung stellt, um Direktdemokratie zu leben – ohne den Umweg über das Parlament, das Gesetz und die Implementierung durch die Verwaltung. Dem Nationalrat und damit dem vom Parteiensystem geprägten Teilbereich der Demokratie könnte unter Berücksichtigung des zu entwickelnden Subsidiaritätsprinzips in einer Art Arbeitsteilung jener Bereich vorbehalten werden, in dem es um die unverhandelbaren Grundsäulen des Gesellschaftsvertrags geht wie etwa den Grund- und Menschenrechten, während der übrige Rahmen von den Individuen und Teilgesellschaften eigenverantwortlich mediativ ausverhandelt wird. Repräsentantinnen und Repräsentanten werden dabei zu Hüterinnen und Hütern von Aushandlungsmöglichkeiten.

Dabei wird es möglich sein, aufzubauen auf den bereits vorhandenen Instrumenten direkter Demokratie wie etwa Volksbefragungen, Petitionen und Volksabstimmungen. Auch bestehende institutionelle Rahmenbedingungen können hier genutzt werden: Gemeindekompetenzen bei gleichzeitiger Öffnung der Ausschusssitzungen im Gemeinderat für die Bürgerinnen und Bürger zwecks Herstellung von Transparenz, aber auch der Möglichkeit der aktiven Mitgestaltung, können erweitert werden um all jene Themengebiete, die in regionaler Betroffenheit besser, weil näher an den Bürgerinnen und Bürgern, gelöst werden können. Im Sinne der bereits angesprochenen Subsidiarität soll nur zu jenen Bereichen eine überregionale Regelungskompetenz bestehen, die ein überregionales Vorgehen zwingend vorsehen. Auch sollen alle grundlegenden Fragen der gesellschaftlichen Gesamtentwicklung weiterhin der Verantwortlichkeit der gewählten Politikerinnen und Politiker unterliegen.

Kooperative Demokratieformen wie etwa eigenverantwortliche Maßnahmenfindungen in Projektfeldern der Dorf- und Stadterneuerung ersetzen dabei die bestehenden Formen repräsentativer und direkter demokratischer Willensbildung nicht, sondern ergänzen diese. Dennoch gilt es zwecks Schaffung eines konstruktiven Rahmens zu ihrem Einsatz, die Funktionärinnen und Funktionäre in der Politik davon zu überzeugen, dass der mit der solchermaßen wachsenden Übernahme von Kompetenzen in die Eigenverantwortung der Gesellschaft verbundene Machtverlust von Mandatsträgerinnen und Mandatsträgern keine Schmälerung ihrer Bedeutung mit sich bringen muss. Im Gegenteil darf die Politik dann auf eine höhere Kenntnis der Wählerinnen und Wähler hinsichtlich der Herausforderungen der Findung und Umsetzung von Lösungswegen vertrauen und somit ein Mehr an Anerkennung für geleistete Arbeit erwarten, das sich in einer wieder steigenden Wahlbeteiligung, höherem Engagement für das Gemeinwohl und einer höheren Akzeptanz für aufgestellte Regeln widerspiegelt. Gerade bei schwierigen Themen, zu denen sehr emotionale Auseinandersetzungen zwischen den einzelnen Akteurinnen und Akteuren zu erwarten sind, wie zum Beispiel der Ortsbestimmung für die Errichtung eines Logistikcenters eines großen Handelsunternehmens oder für den Verlauf einer Hochstromleitung, wird es durch Beteiligungsangebote häufig erst möglich, haltbare Entscheidungen zu treffen, die ansonsten aufgrund massiver Akzeptanzprobleme seitens der Bürgerinnen und Bürger wohl „ausgesessen" würden im Hinblick auf die ansonsten gefährdete Wiederwahl der ansonsten drohende massive Vertrauensverlust in gewählte Regierungen im Fall einer Entscheidung wird durch mediative Partizipation vermieden.

Im Dialog mit den Bürgerinnen und Bürgern kommt es dabei nicht nur zu einer Herstellung eines Informationsgleichstandes zwischen Politik und Gesellschaft, zumal Politik und Verwaltung selbstverständlich alle Informationen zu einem behandelten Thema offenzulegen hätten, es können durch die breite Einbindung von Menschen, die ihre Kreativität beim Wunsch der Durchsetzung ihrer höchstpersönlichen Interessen und Bedürfnisse zur Verfügung stellen, zum Teil auch vollkommen neue Lösungen zu den identifizierten Problemen erarbeitet werden, die vorher aufgrund massiver Konflikte nicht lösbar erschienen. Im Gespräch zwischen allen Beteiligten finden im Zuge dessen gegenseitige Lernprozesse zwischen den Bürgerinnen und Bürgern, der Politik und der Verwaltung statt, zu denen erwartet werden darf, dass aus ihnen oftmals konkrete und vor allem von allen akzeptierbare Umsetzungsvorschläge resultieren. Auf Plattformen der eigenverantwortlichen Lösungssuche zu den gemeinsam identifizierten Vorhabensbereichen wie etwa einem offenen Gemeinderatsausschuss, einer Großgruppenmediation oder einer Bürgerversammlung lernen Bürgerinnen und Bürger ihre Bedürfnisse deutlich zu artikulieren und dabei auch die Verantwortung für eine eigenverantwortliche Lösung mitzutragen. Anders als auf ebenfalls der Kundmachung von eigenen Bedürfnissen zu einem Projekt dienenden Demonstrationen wird dabei nämlich die Verantwortung des Einzelnen und der Einzelnen für eine konstruktive Lösung zum Teil selbst übernommen. Es gibt damit die Möglichkeit, sich nicht nur passiv

am Wirtshaustisch oder aktiv bei Demonstrationen aufzu-
lehnen gegen die von oben herab diktierten Gesetze und
Entscheidungen, sondern es wird den Menschen die Möglichkeit eingeräumt, selbst und unmittelbar zu partizipieren
an der Ausgestaltung der gesellschaftlichen Rahmenbedingungen.

Die so vorgenommene Rückübertragung von Teilen der
Verantwortung für das Gemeinwohl in Bereiche mit hoher
gemeinsamer Betroffenheit der Individuen durch die Politik hat mit einem Lerneffekt in der Gesellschaft dabei auch
präventiven Charakter: Bei regelmäßiger Beschreitung dieses kooperativen Weges wird bei neuen Herausforderungen
bereits eine frühzeitige konstruktive Reaktion wahrschein-
licher, da es der Einzelne beziehungsweise die Einzelne als
eine Mitverantwortung erkennt, Maßnahmen rechtzeitig
zu setzen. Es wird dann nicht einfach gewartet, bis sich
ein Druck in der Gesellschaft aufbaut, der bei deren un-
überhörbarer Wahrnehmung zur kollektiven Einforderung
einer sofortigen Entscheidung in der Politik führt, sondern
es wird frühzeitig über Alternativen nachgedacht und an
diesen im Zusammenschluss von Individuum, Gesellschaft
und Politik gearbeitet.

Auf dem Weg zu einer Verwirklichung dieses Ansatzes
sind einige Schritte erforderlich: Es gilt hier nicht nur den
institutionellen Rahmen zu schaffen, bei dem beispielsweise auf den zu öffnenden Gemeinderatsausschüssen auf-
gesetzt werden könnte mit um aus der Bevölkerung vorgeschlagenen Themen erweiterbarer Tagesordnung und
unter Leitung eines Mediators oder einer Mediatorin. Es
bedarf auch eines Selbstverständnisses für allseitige Transparenz, eines höheren Stellenwerts und besseren Angebots

von politischer Bildung als lebenslangem Prozess und der Stärkung des Eigenverständnisses aller Akteurinnen und Akteure bei einer klaren Definition des Rollenbildes in seiner Zuständigkeit: Aufgabe der Politik in einer Demokratie ist es jedenfalls, die Bürgerinnen und Bürger dabei zu unterstützen, die primäre Verantwortung für individuelles Wachstum und damit den Grundstein für die Weiterentwicklung der Gesellschaft bei sich zu erkennen und auch zu übernehmen.

Stärkung der Rolle des Präsidenten beziehungsweise der Präsidentin des Nationalrates

Ein weiterer Ansatz ist die Implementierung mediativer Elemente in die Geschäftsordnung des Nationalrates. Diese Maßnahmen wären rasch möglich und könnten somit, wie bereits dargestellt, als erster Schritt mit gleichzeitiger Auswirkung auf das gesamte System zwischen Individuum, Gesellschaft und Politik dienen. Eine deutliche Aufwertung der Präsidentin beziehungsweise des Präsidenten durch die zusätzlich zu den als hilfreich anerkannten Elementen der Überwachung der Redezeit und der Rednerliste – wobei diesen beiden Elementen ja auch aus mediativer Sicht hilfreiche entschleunigende Wirkung zuzubilligen ist – erfolgende Einräumung von Rechten eines Mediators beziehungsweise einer Mediatorin hinsichtlich der Leitung einer entlang eines Mediationsprozesses erfolgenden Abarbeitung der Tagesordnung eines Nationalratsplenums brächte dabei auch in der Symbolik einen deutlichen Mehrwert für die Bevölkerung. Die Präsidentin beziehungsweise der Präsident hat dann die Möglichkeit und Aufgabe, mit gezielten offenen Fragen und paraphrasierenden Zusammenfassungen auch lenkend einzugreifen, um den Prozess in Richtung einer gleichmäßigen Behandlung der Themen unter Darlegung der Interessenlage auf die konsensuale Ausarbeitung von Lösungsmöglichkeiten hin zu lenken. Eine Verstärkung der Rückkoppelung mit der Bevölkerung könnte dann schließlich darin liegen, dass für den Fall, dass aus mehreren entwickelten Optionen keine gemeinsame Einigung stattfinden kann, diese Optionen jeweils auf ihre Auswirkungen hin von Expertinnen und Experten untersucht und anschließend der Gesellschaft zur Entscheidung verpflichtend vorzulegen sind unter transparenter Darlegung der Ergebnisse der Studie. Mit einem solchen Maßnahmenmix könnte sehr gut signalisiert werden, dass sämtliche Interessen gleichermaßen eingebunden werden in die Suche nach einer gemeinsamen Adaption des Gesellschaftsrahmens. Außerdem könnte dabei die Eigenverantwortung der Menschen gestärkt und gleichzeitig in einer Beispielwirkung vorgelebt werden, dass auch zu scheinbar einander ausschließenden Interessengegensätzen gemeinsame Lösungen gefunden werden können. Es würde schließlich auch eine stärkere Bindung zu den Abgeordneten entstehen, die von diesen ja auch im Selbstbild gesucht wird: Den Abgeordneten könnte wieder verstärkt das Vertrauen geschenkt werden, auch zu aussichtslos erscheinenden Problemen Lösungen zu erarbeiten. In der öffentlichen Darstellung stünde dabei nicht der Dissens als Restwert, den die Gesellschaft wieder abzuarbeiten hätte, sondern der Prozess der Konsensualisierung im Vordergrund mit mittelbarer Auswirkung auf ein

Miteinander der in der Ausgangsposition sich gegenüber befindlichen Teilgesellschaften.

Unterstützung durch Expertinnen und Experten

Die Aussagen der befragten Abgeordneten zu deren Selbstverständnis in ihrer für das Funktionieren von Demokratie so bedeutsamen Arbeit der ständigen Weiterentwicklung der mit der Rechtsordnung gegebenen Rahmenbedingungen für die Weiterentwicklung von Gesellschaft und Individuum haben einen sehr guten Ansatzpunkt für eine Implementierung von Mediation in das bestehende demokratische System ergeben: der hohe Stellenwert von Expertinnen und Experten. Dieses Umstandes kann man sich in besonders kontroversen Themen bedienen, wie etwa zur Abhaltung von Untersuchungsausschüssen. Gerade bei diesen kann in der öffentlichen Diskussion nämlich immer wieder die enorme Diskrepanz zwischen den wechselseitig unterstellten Motiven der Abhaltung eines Untersuchungsausschusses als Ausfluss der ureigenen Kontrollrechte des Nationalrates beobachtet werden. Einerseits wird gemutmaßt, er solle lediglich der Tribunalisierung in Konkurrenz zu der eigentlichen Zuständigkeit der ordentlichen Gerichte dienen, auf der anderen Seite wird unterstellt, im Zuge eines solchen ohnehin nur behandlungswürdige Themen unter den Teppich kehren zu wollen. Mediation beherrscht es als Verfahren, gerade in solch divergierenden Ausgangssituationen eine gemeinsame Zukunftsperspektive zu unterstützen, welche etwa darauf gerichtet sein könnte, Möglichkeiten der positiven Weiterentwicklung der Rechtsvorschriften zum Thema des Ausschusses zu suchen und zu entwickeln. Wird der Ausschuss von einem beziehungsweise einer „Weisen", um es in Goffmanns Diktion zu formulieren, geleitet, so könnte auch in solch hoch kontroversen Themen ein positiver Mehrwert gefunden werden.

Hereinholen von Bürgerinnen und Bürgern in den parlamentarischen Ablauf

Sehr zu empfehlen ist es auch, in Anbetracht des Umstandes, dass es sich bei den Abgeordneten nur um Teilhaberinnen und Teilhaber des Konfliktes handelt, Bürgerinnen und Bürger zu den jeweils verhandelten Themen auch auf der überregionalen Ebene des Parlaments aktiv mit einzubeziehen, wie dies bislang nur von den Massenmedien anlässlich öffentlicher Diskussionsrunden zu aktuellen politischen Themen etwa in Wahlkampfzeiten praktiziert wird. Dabei handelt es sich keinesfalls um ein der Rechtsordnung fremdes Instrument: Auch in der Gerichtsbarkeit, die formell ja ebenfalls an den Staat übertragen wurde, wobei im Namen der Republik, also der Bevölkerung, entschieden wird, ist es Standard, in jenen Fällen, in denen besonders tief in die Privatsphäre der betroffenen Individuen eingegriffen werden kann, Vertreterinnen und Vertreter der Gesellschaft in die Entscheidungsfindung mit einzubeziehen. Analog zu den Laienrichterinnen und Laienrichtern beziehungsweise den Geschworenen oder Schöffinnen und Schöffen sollten in den Gesetzgebungsprozess regelmäßig Bürgerinnen und Bürger mit Stimm- und Rederecht eingebunden werden.

Neugestaltung der Sitzordnung

Das räumliche Setting einer Nationalratssitzung müsste, will man das Plenum als öffentliche Bühne symbolischer Demokratie beibehalten, ebenfalls eine konsensförderlichere Atmosphäre erhalten. Hier könnte zum Beispiel Anleihe genommen werden an den systemischen Erkenntnissen zur Wirkung von Anordnungsmöglichkeiten der zur Verfügung gestellten Sitze: So könnten die in der Mediationspraxis bewährten Anordnungen des Fishbowls oder auch des afrikanischen Palavers angedacht werden. Dabei könnten die zu Wort gemeldeten Repräsentantinnen und Repräsentanten ihrer Parteien im Zentrum zueinander gewendet in die Diskussion einsteigen mit der jeweiligen Möglichkeit, sich ablösen zu lassen. Ebenfalls im Zentrum stehende und zunächst freibleibende Sessel könnten für eine Wortmeldung durch weitere anwesende Akteurinnen und Akteure zur Verfügung stehen. Die seit Jahren geplante und nun unmittelbar bevorstehende Generalsanierung des Parlaments könnte eine Gelegenheit sein, die für eine Umsetzung dieser Maßnahme erforderlichen räumlichen und ausstattungstechnischen Rahmenbedingungen zu schaffen.

Gewaltfreie Kommunikation

Gewaltfreie Kommunikation bedeutet dabei nicht, dass die Abgeordneten während einer Nationalratssitzung nie mehr laut werden dürfen, immer nett zu allen sein müssen und jeder beziehungsweise jede ohnehin machen kann, was er beziehungsweise sie will. Es heißt auch nicht, dass man vor dem Beginn einer Wortmeldung immer die Seidenhandschuhe anziehen muss und Harmonie ständig über alles gestellt wird. Genauso wenig gebietet gewaltfreie Kommunikation, eigene Ziele aus den Augen zu verlieren, wie sie auch umgekehrt nicht das Wundermittel darstellt, immer die Durchsetzung der eigenen Interessen zu erreichen.

Gewaltfreie Kommunikation stellt allerdings eine solide Basis dafür dar, den vertretenen Bedürfnissen und Interessen in einer zugleich das Gegenüber wertschätzenden Art und Weise Ausdruck zu verleihen. Es werden Oberflächlichkeiten und unbedachte Verletzungen sowie unbeabsichtigte Angriffe in Aussagen durch bewusstere Wortwahl ohne Verzicht auf die eigene Selbstverwirklichung in der übermittelten Botschaft vermieden. Um dies zu ermöglichen, ist ein ausreichendes Maß an Eigenreflexion zur Kenntnis der eigenen Werte, Interessen und Bedürfnisse ebenso nötig wie die ehrliche Neugier für die Persönlichkeit des Gegenübers sowie die Bereitschaft zu wertungsfreier Beobachtung und Empathie.

Ist man, wie es bei den Abgeordneten der Fall ist, lediglich Teilhaberin beziehungsweise Teilhaber eines Konfliktes, und muss man davon ausgehen, dass die eigentlich betroffenen Personen einen obendrein bei der Aushandlung der berührten Interessen beobachten, so kommt der Bedachtnahme auf eine wertschätzende Kommunikation noch höhere Bedeutung zu. Denn die Wortwahl löst dabei nicht nur im unmittelbar angesprochenen Gegenüber Emotionen und einen Bewertungsdruck aus, auch die beobachtenden eigentlichen Inhaberinnen und Inhaber des Konfliktes fühlen sich angesprochen. Jeder Manipulationsversuch, jede Diskreditierung, jede Herabwürdigung anderer Gesprächspartnerinnen und Gesprächspartner wird daher rasch von der Bevölkerung unterbewusst auf sich bezogen und sorgt dafür, dass nicht nur das Vertrauen der Menschen in die Lösungskompetenz der gewählten Politikerinnen und Politiker sinkt, sondern auch der nicht oder nur unvollständig abgeschlossene Prozess der Konflikttransformation im Nationalrat von der Gesellschaft auf einer höheren Eskalationsstufe mit noch stärker verhärteten Fronten rückübernommen wird.

Bei gewaltfreier Kommunikation geht es also weit über das mit Ordnungsrufen bereits sanktionierte Ausmaß der bloßen Unterlassung von Beleidigungen hinaus. Vielmehr geht es um zum Ausdruck gebrachte Wertschätzung für die Menschen, die auch die anderen Abgeordneten zweifelsohne sind, und auch die von ihnen vertretenen Interessen und Bedürfnisse. Wird zum Beispiel in einer Wortmeldung ein Urteil über einen vorgelegten Vorschlag getätigt, so macht es für den weiteren Verlauf der Debatte und die Wahrscheinlichkeit der Berücksichtigung der selbst vertretenen Anliegen einen Unterschied, wie und mit welchem Fokus es getroffen und vorgebracht wird: Moralische Urteile beziehen sich zumeist auf ein Verhalten einer anderen Person und orientieren sich an bestimmten Vorstellungen, was in einer Kultur zu einer Zeit richtig oder falsch ist. Es gibt hier bestimmte Kategorien und Labels, es besteht hier die Tendenz zur Pauschalisierung und Vorverurteilung. Mit ihnen wird unter Umständen ein emotionales Dilemma zwischen den eigenen Werten und den über die Zugehörigkeit zu einem System entscheidenden Normen angesprochen und eine abwehrende Haltung provoziert, wenngleich unter Umständen auf Ebene der Werte, Bedürfnisse und Interessen Übereinstimmung bestehen könnte. Moralische Urteile können leicht als Angriff verstanden werden und führen damit in der Regel auch zu Abwehrverhalten und Verstimmung. Moralische Urteile münden allerdings nicht nur im weiteren Gesprächsverlauf leicht zu Rechthaberei und Aggression, auch in der eigenen Befindlichkeit kann eine Einengung der Wahrnehmung durch einsetzendes Denken in gegensätzlichen Kategorien wie gut und schlecht einsetzen und ein Drang zu Bestrafung des verurteilten Verhaltens aufkommen. Werturteile hingegen orientieren sich an den persönlichen Bedürfnissen, Interessen und Werten und sagen etwas über einen selbst aus, etwas, das nicht zur Disposition eines Außenstehenden steht und damit auch nicht zur Abwehr einlädt, sondern vielmehr zu konstruktiver Offenheit im weiteren Gesprächsverlauf mit einer Wahrscheinlichkeit der Verfolgung zugrunde liegender Interessen auch durch den Angesprochenen. Scheinbar kleine Unterschiede mit großen Auswirkungen vor allem auch im Hinblick auf die nicht mehr ohne Weiteres kontrollierbare Dynamik, welche in den Zuseherinnen und Zusehern der Übertragung einer Nationalratssitzung ausgelöst wird.

Mit gewaltfreier Kommunikation während einer Nationalratssitzung wird somit ein bis in die Gesellschaft hinein Auswirkungen nehmendes Klima geschaffen, in dem Vertrauen darauf entsteht, dass das Anderssein in vertretenen Werten, Idealen und Interessen einem dennoch erzielbaren Konsens nicht im Wege stehen muss: Die Tür zu gemeinsamen Lösungen wird offen gehalten und nicht für den Preis einer vermeintlichen Entwaffnung des Gegenübers zugeschlagen.

Ausbau politischer Bildung

Demokratie als jene Staatsform, die auf die Selbstbestimmtheit der Gesellschaft und die Eigenverantwortung
des Individuums baut, bedingt einen hohen Stellenwert
von Bildung, ja, sie ist sogar auf sie angewiesen. Politische
Bildung setzt dabei allerdings weniger auf einer bloßen
Vermittlung und jederzeitigen Abrufbarkeit von biblio-
thekarem Wissen auf als auf der durch eigenes Erleben
verfestigten Kenntnis sozialer Zusammenhänge und Abläufe. Selbstverständlich gehört die Kenntnis historischer
Ereignisse samt deren Bedeutung für die gesellschaftliche
Entwicklung als bloßes Tatsachenwissen ebenfalls zur politischen Bildung, allerdings geht es primär um die Befähigung des Einzelnen beziehungsweise der Einzelnen, die
Möglichkeiten eigenverantwortlicher Entfaltung bei gleichzeitiger Berücksichtigung des sozialen Gefüges einer sich im
ständigen Fluss von Veränderung begriffenen Gesellschaft
zu erkennen und anzunehmen. So wie einem Bildhauer beziehungsweise einer Bildhauerin lediglich die Grundtechniken dieser Kunst beigebracht werden müssen, um damit
die Befähigung zu ungeahnten Meisterwerken ohne dafür
erforderlicher weiterer Anleitung zu wecken, so gilt es, dem
Individuum die Grundtechniken der persönlichen wie gesellschaftlichen Weiterentwicklung zu zeigen, um Demokratie die Chance auf volle Entfaltung zu geben. Politische
Bildung ist dabei ein Gut, das niemals zu spät, aber auch
niemals abschließend erworben werden kann. Um beim
Beispiel des Bildhauers beziehungsweise der Bildhauerin zu
bleiben: Auch hier werden ständig neue Techniken, neue
Materialien ausprobiert und verworfen, übernommen oder

weiterentwickelt werden, um dadurch neue Meisterwerke zu ermöglichen.

Grundwerkzeuge politischer Bildung sind vor allem in den als Soft Skills bezeichneten Fertigkeiten zu sehen: Achtsamkeit gegenüber Gerechtigkeit, soziale Kompetenz in der wertschätzenden Begegnung mit sich selbst und den Mitmenschen, Kommunikation als Mittel der Aushandlung unterschiedlicher Interessen sowie die Fähigkeit, Verantwortung für sich selbst wie auch für die Gesellschaft zu übernehmen, sind hier wohl die wichtigsten Werkzeuge neben der Förderung des Verständnisses für politische, soziale, ökonomische und ökologische Zusammenhänge. Mit diesen Fähigkeiten, deren Erwerb und Weiterentwicklung ein lebenslanges Lernen bedingt, ist die Basis für eine dem Grundgedanken der Demokratie gerecht werdende erfolgreiche selbstbestimmte Partizipation in den demokratischen Prozessen gegeben.

Der Ausbau politischer Bildung bedingt daher nicht, den in den Lehrplänen zahlreicher Schulformen bereits vorhandenen Stoff quantitativ auszubauen. Vielmehr ist hier, was auch dem Wesen von Mediation entspricht, bereits in der Familienpolitik eine Befähigung der Familie als Grundbaustein der Gesellschaft zu erkennen und zu fördern und in Begleitung dazu spätestens ab dem Kindergartenalter darauf zu achten, dass möglichst erfahrungsbezogene und interaktive Wissensvermittlung auch dazu verwendet wird, die Neugier für eine selbstständige Erfassung von Wissen im Austausch mit dem sozialen Umfeld zu unterstützen und dabei immer wieder beobachtbaren Uniformitätsbestrebungen abzuschwören. Die Errichtung von klassen- und auch schulübergreifenden Projektgruppen bereits im frühen

Stadium öffentlicher Wissensvermittlung kann schon den Grundstein legen für die partizipatorischen Kompetenzen, die es lebenslang durch individuelles Lernen auszubauen gilt. Neben einer entsprechenden Berücksichtigung dieses Ansatzes im öffentlichen Schulsystem ist es angezeigt, auch darüber hinaus niederschwellig verfügbare Kurse etwa an den Volkshochschulen verstärkt anzubieten.

Vor diesem Hintergrund ist das von manchen bereits kritisierte Funktionärswesen in auf Eigenverwaltung der Mitglieder aufbauenden Einrichtungen wie Kammern, Gewerkschaften oder auch der Sozialversicherung als für Demokratie wertvoll zu betrachten, was selbstverständlich auch auf die zahlreichen Vereine und in besonderem Maße die auf Freiwilligkeit und Unentgeltlichkeit basierende Mitarbeit zu der Allgemeinheit dienenden Einrichtungen wie Rettungsdiensten und Feuerwehren zutrifft. Zentrale Bedeutung kommt dabei aber auch einer begleitenden Weiterbildung zur Unterstützung bei der individuellen Schärfung der demokratischen und mediativen Kompetenzen zu, möchte man diese Tätigkeiten nutzen, um einen über den jeweils unmittelbaren Wirkungsbereich hinausgehenden gesellschaftlichen Mehrwert erzielen.

Stellung von Medien und Verwaltung

Die Bürokratie als Garant dafür, dass dem Recht gegenüber dem Individuum zur Durchsetzung verholfen und damit die Einhaltung des von der Politik geschaffenen Rahmens der Gesellschaft gewährleistet wird, übt bereits aktuell eine in Ansätzen mediative Rolle aus, indem sie die Interessen von Politik einerseits und von Gesellschaft und Individuum andererseits erhebt und danach strebt – und hier ist eine deutliche Abweichung von Mediation zu erblicken –, sowohl darauf aufbauend an der Weiterentwicklung des Normensystems etwa durch die Spruchpraxis der Behörden mitzuwirken als auch – was schon näher an den Grundsätzen der Mediation dran ist – Gemeinsamkeiten in der Interessenlage in den Vorschlägen an die Politik zur Weiterentwicklung des Rechtssystems in Form von Novellierungen im Nationalrat zu berücksichtigen. In jenem Bereich, in dem es um die Ausarbeitung von Gesetzesentwürfen geht, könnte die ansatzweise mediative Funktion der Verwaltung ausgebaut werden. Die Verwaltung könnte somit eine mediative Rolle einnehmen, ohne damit die Eigenverantwortung der Politik auf der einen und der Individuen sowie der Gesellschaft auf der anderen Seite zu beschneiden. Dabei müssten die bereits praktizierten Wege etwa im Zusammenhang mit den schriftlichen Begutachtungsverfahren zu legistischen Entwürfen ausgeweitet und der Verwaltung die Handlungsvollmacht eingeräumt werden, unter Einsatz der mediativen Instrumente sozialwissenschaftlicher, kommunikativer, psychologischer, geschichts- und wirtschaftswissenschaftlicher, politikwissenschaftlicher und systemischer Natur den Prozess der Aushandlung des Inhaltes von Novellierungsentwürfen zwischen Politik und Gesellschaft zu steuern.

Bei den Massenmedien ist jedenfalls auffällig, dass sie einen sehr hohen Stellenwert in der demokratischen Struktur einnehmen: Sie sind es, aus denen die meisten Individuen die für das Funktionieren von Demokratie so bedeutsame Information im Sinne des Anspruches an Transparenz in kompakter und übersichtlicher Form entnehmen wollen. Damit haben sie eine sehr hohe Bedeutung und auch eine große Chance. Die Medien könnten aus der Rolle des derzeit wahrnehmbaren Moderators der Bedürfnisse und Interessen auf der Gratwanderung der Instrumentalisierung zur Durchsetzung von einseitigen Standpunkten einzelner Akteurinnen und Akteure im demokratischen Gefüge emporsteigen in eine mediative Rolle. Aus dem Blickwinkel der Allparteilichkeit könnten die übrigen Akteurinnen und Akteure durch die aktive Zurverfügungstellung einer transparenten Plattform begleitet werden zu konsensualen Lösungen. Dafür müsste allerdings nicht nur die stets kritisch beäugte Ausgewogenheit, wie viel Raum jeweils den Vertreterinnen und Vertretern der politischen Parteien eingeräumt wird, beachtet werden, es müsste auch daran gearbeitet werden, dass eine zukunftsorientierte Ausrichtung weg von kausalen Zusammenhängen und Schuldfragen hin zu interessenbasierter Aufarbeitung der einzelnen Themen erfolgt in einer Ausbalanciertheit von Akteurinnen und Akteuren sowie Interessen auf rationaler wie auch auf emotionaler Ebene. Dann tritt nicht nur die Quantitätsfrage der zur Verfügung gestellten Räume hinter die gebotene Qualität zurück, es setzt auch ein von Kausalität losgelöstes zirkuläres Denken ein, welches so den Boden für eine konsensuale Ausgestaltung der Rahmengebung durch ausverhandelte Normen aufbereitet.

Übernahme der mediativen Haltung in den demokratischen Prozess

Der essenziellste Punkt der Implementierung von Mediation in unsere Demokratie ist neben all diesen kurz umrissenen Möglichkeiten jedoch die Einnahme der Grundhaltung der Mediation, welche jener der Demokratie ja wie oben dargestellt sehr ähnlich ist, durch die Akteurinnen und Akteure. Aus mediativer Sicht hilfreiche Änderungen, um zur Zielsetzung der Schaffung und aufrechterhaltenden Weiterentwicklung einer rahmengebenden Rechtsordnung durch Auswahl der für alle Beteiligten optimalen Alternative zu gelangen, könnten daher neben den Anpassungen in formeller wie auch inhaltlicher Sicht haltungsbedingte faktische Übungsänderungen darstellen. Von den faktischen Gepflogenheiten her wäre es etwa sehr zweckdienlich und auch im Hinblick auf die systemischen Auswirkungen auf die anderen Akteurinnen und Akteure hilfreich, könnte das gemeinsame Wollen aller politischen Akteurinnen und Akteure außer Streit gestellt werden. Eine Sensibilisierung für Transaktionskonflikte sowie eine deutlich an der Gesellschaft ausgerichtete Bedürfnis- und Interessenorientierung – die Individuen haben kein Interesse an gegenseitigem Schlechtmachen politischer Werte, sondern an der Schaffung und Erhaltung eines Rahmens, seine eigenen Werte individuell leben zu können – wären zweckdienliche mediative Elemente auf dem Weg zum Eintritt in ein neues Zeitalter einer mediativen Demokratie: der Demokratie 2.0. Damit wird verhindert, dass eine Filterung der aufgenommenen Interessen der Bürgerinnen und Bürger durch Parteiprogramme erfolgt und bei den Bürgerinnen und Bürgern das Bild des „Wir gegen euch" und „Ihr gegen uns" in der Beziehung zwischen Abgeordneten und Bevölkerung auftritt, das in einen Legitimitätsverlust mündet. Neben der Entwicklung und dem Einsatz der mediativen Kernkompetenzen zur Umsetzung der Devise, dass die Abgeordneten als betraute Mitglieder der Gesellschaft gemeinsam mit dieser Probleme erkennen, die gemeinsam gelöst werden, und an die Stelle der wechselseitigen Bezeugung, Recht zu haben, während der oder die andere irrt, die Einsicht tritt, dass alle miteinander verantwortlich sind, gemeinsam zu Lösungen beizutragen, erscheinen auch Maßnahmen geeignet, die einen direkteren Bezug zwischen Abgeordneten und Bevölkerung herstellen, um die Bedeutung der anonymen Parteiprogramme zurückzudrängen. In diesem Kontext ist etwa der weitere Ausbau der ansatzweise bereits funktionierenden Vorzugstimmenwahlsysteme interessant. Mit ihnen wird wieder deutlicher sichtbar, dass es sich bei gewählten Abgeordneten bereits heute nicht um beliebig austauschbare Funktionärinnen und Funktionäre verschiedener Parteiapparate handelt, sondern um Menschen, die ihrerseits Mitglieder der Gesellschaft sind, deren Interessen sie in die Weiterentwicklung des gesellschaftlichen Rahmens zur bestmöglichen Selbstverwirklichung in größtmöglicher Freiheit zu transformieren trachten.

Ausblick

„No one pretends that democracy is perfect or all-wise. Indeed, it has been said that democracy is the worst form of government except all those other forms that have been tried from time to time", hat Winston Churchill in seiner viel zitierten Rede vor dem Unterhaus am 11. November 1947 einerseits die Alternativenlosigkeit zur Demokratie als Staatsform für den modernen Menschen in einem friedlichen Miteinander aufgezeigt, andererseits aber auch eingestanden, dass Demokratie nicht als Selbstläufer dazu imstande ist, alle gesellschaftlichen Probleme zu gewärtigen. Verschränken wir daher nicht unsere Arme und sehen dabei zu, dass die Schattenseiten der Demokratie überhand gewinnen und das Friedensprojekt dieser Staatsform gefährden: Packen wir es an, verhelfen wir unserer Demokratie mit dem reichhaltigen Angebot der Mediation zu einer noch deutlicheren Ausprägung ihrer Stärken. Auch wenn dies weder ein Prozess ist, der von heute auf morgen umzusetzen ist, noch der Anspruch darauf erhoben werden kann, dass damit alle Probleme auf Dauer gelöst sind: Die Implementierung von Mediation in unserer Demokratie ist ein wichtiger und sinnvoller Schritt zur Stärkung jener Staatsform, der wir unsere Freiheit zur eigenverantwortlichen Entfaltung verdanken. Wir sind es ihr daher schuldig.

Literatur

Arnim HH von (2001) Das System. Die Machenschaften der Macht. Droemer, München

Atteslander P (2003) Methoden der empirischen Sozialforschung. Gruyter, Berlin

Atzwanger K, Zögernitz W (1999) Nationalratsgeschäftsordnung. Manz, Wien

Aufenanger S, Hamburger F, Ludwig L, Tippelt R (Hrsg) (2010) Bildung in der Demokratie. Beiträge zum 22. Kongress der Deutschen Gesellschaft für Erziehungswissenschaft. Schriftenreihe der Deutschen Gesellschaft für Erziehungswissenschaft (DGfE). Budrich, Opladen

Bateson G (1987) Geist und Natur, eine notwendige Einheit. Suhrkamp, Frankfurt a. M.

Beck U (2007) Weltrisikogesellschaft. Auf der Suche nach der verlorenen Sicherheit. Suhrkamp, Frankfurt a. M.

Bös C (2009) Fragebogen zur Erhebung sozialer Konflikte in Organisationen der Arbeitswelt. Entwicklung eines sozialwissenschaftlichen Messinstruments. Magisterarbeit, Universität Wien

Crouch C (2008) Postdemokratie. Suhrkamp, Frankfurt a. M.

Diekmann A (2001) Empirische Sozialforschung. Grundlagen, Methoden, Anwendungen. Rowohlt, Reinbek bei Hamburg

Döring H (1995) Die Sitzordnung der Abgeordneten: Ausdruck kulturell divergierender Auffassungen von Demokratie. In:

Dörner A et al (Hrsg) Sprache des Parlaments und Semiotik der Demokratie. Studien zur politischen Kommunikation in der Moderne. Gruyter, Berlin

Duss-von Werdt J (2005) homo mediator: Geschichte und Menschenbild der Mediation. Klett-Cotta, Stuttgart

Duss-von Werdt J (2011) Freiheit – Gleichheit – Andersheit. Als Mediator demokratisch weiterdenken. Von der Schwierigkeit, über Demokratie zu reden. In: Mehta G, Rückert K (Hrsg) Mediation und Demokratie. Neue Wege des Konfliktmanagements in größeren Organisationen. Carl Auer, Heidelberg

Feindt PH (2010) Umwelt- und Technikkonflikte in Deutschland zu Beginn des 21. Jahrhunderts – Bestandsaufnahme und Perspektiven. Umwelt- und Technikkonflikte in Deutschland. In: Feindt PH, Saretzki T (Hrsg) Umwelt- und Technikkonflikte. Springer, Wiesbaden

Fischer R (2010) Konflikte um verrückte Kühe? Risiko- und Interessenkonflikte am Beispiel der europäischen BSE-Politik. In: Feindt PH, Saretzki T (Hrsg) Umwelt- und Technikkonflikte. Springer, Wiesbaden

Flick U (2004) Qualitative Sozialforschung. Eine Einführung. Rowohlt, Reinbek bei Hamburg

Forum PB (Hrsg) (2000) Zum politischen System Österreichs. Zwischen Modernisierung und Konservativismus. Forum, Wien

Friedrichsen M (2013) Neue politische Kommunikation durch Medienwandel. In: Friedrichsen M, Kohn RA (Hrsg) Digitale Politikvermittlung. Chancen und Risiken interaktiver Medien. Springer, Wiesbaden

Frindte W (2001) Einführung in die Kommunikationspsychologie. Beltz, Weinheim

Gaugl H-J (2013) Der Tiger und die Schwiegermutter. Springer, Berlin

Glasl F (2011) Selbsthilfe in Konflikten. Freies Geistesleben, Stuttgart

Glasl F (2011a) Konfliktmanagement. Ein Handbuch für Führungskräfte, Beraterinnen und Berater. Freies Geistesleben, Stuttgart

Goffman E (1979) Interaktionsrituale. Über Verhalten in direkter Kommunikation. Suhrkamp, Frankfurt a. M.

Göhler G (2007) Deliberative Demokratie und symbolische Repräsentation. In: Thaa W (Hrsg) Inklusion durch Repräsentation. Nomos, Baden-Baden

Gundlach A (2013) Wirkungsvolle Live-Kommunikation: Liebe Deine Helden: Dramaturgie und Inszenierung erfolgreicher Events. Springer, Wiesbaden

Haas A (2014) Interpersonale Kommunikation und Medienwirkungen. Beurteilung der Themenrelevanz im Zusammenspiel mit Gesprächen und Mediennutzung. Springer, Wiesbaden

Kaesler D (2011) Max Weber. Beck, München

Klappenbach D (2011) Mediative Kommunikation. Mit Rogers, Rosenberg & Co. konfliktfähig für den Alltag werden. Junfermann, Paderborn

Knoll J (2007) Kurs- und Seminarmethoden. Ein Trainingsbuch zur Gestaltung von Kursen und Seminaren. Beltz, Weinheim Basel

Krell C, Meyer T, Mörschel T (2012) Demokratie in Deutschland. Wandel, aktuelle Herausforderungen, normative Grundlagen und Perspektiven. Springer, Wiesbaden

Krondorfer B (2012) Die Position der Allparteilichkeit. Kritische Aspekte zu einer Grundmodalität der Mediation. In: Granzner-Stuhr S, Pogatschnigg IM (Hrsg) Ich kann ja nicht androgyn werden. Geschlechtsspezifische Aspekte in der Mediation. Peter Lang, Frankfurt a. M.

Laackmann H (2013) Die Rolle der Medien im gesellschaftlichen Legitimitätskonstrukt. In: M. Friedrichsen, Kohn RA (Hrsg) Digitale Politikvermittlung. Chancen und Risiken interaktiver Medien. Springer, Wiesbaden

Luhmann N (2010) Politische Soziologie. Suhrkamp, Berlin

Mayring P (2003) Qualitative Inhaltsanalyse. Grundlagen und Techniken. Beltz, Weinheim

Moestl B (2013) Die 13 Siegel der Macht. Knaur, München

Monka M, Schöneck N, Voss W (2008) Statistik am PC Lösungen mit Excel. Carl Hanser, München

Montada L (2011) Die (vergessene) Gerechtigkeit in der Mediation. In: Mehta G, Rückert K (Hrsg) Mediation und Demokratie. Neue Wege des Konfliktmanagements in größeren Organisationen. Carl Auer, Heidelberg

Müller H-P (2007) Max Weber. Böhlau, Köln

Nowak C (2005) Konfliktmanagement in Teams. ZPS 1(2005): 131–143

Ortner C (2012) Prolokratie. edition a, Wien

Pelinka A, Varwick J (2010) Grundzüge der Politikwissenschaft. Böhlau, Wien

Plé B (2014) Symbolischer Interaktionismus – ein Forschungsprogramm auch für die Beratungswissenschaften? ARGE Forschungsjournal, 2014/01, S. 50–60

Sarcinelli U (2011) Politische Kommunikation in Deutschland. Medien und Politikvermittlung im demokratischen System. Springer, Wiesbaden

Saretzki T (2010) Umwelt- und Technikkonflikte: Theorien, Fragestellungen, Forschungsperspektiven. In: Feindt PH, Saretzki T (Hrsg) Umwelt- und Technikkonflikte. Springer, Wiesbaden

Schäfer C (2012) Mediation erforschen: Die Entwicklung eines Forschungsdesigns in der systemischen Erforschung von Mediation. In: Busch D, Mayer C-H (Hrsg) Mediation erforschen. Fragen – Forschungsmethoden – Ziele. Springer, Wiesbaden

Schluchter W (1988) Religion und Lebensführung. Band 1. Studien zu Max Webers Kultur- und Werttheorie. Suhrkamp, Frankfurt a. M.

Scholl W (2009) Konflikte und Konflikthandhabung bei Innovationen. In: Witte E, Kahl C (Hrsg) Sozialpsychologie der Kreativität und Innovation. Pabst, Lengerich

Schulz vonTF (2010) Miteinander reden: 1. Störungen und Klärungen. Allgemeine Psychologie der Kommunikation. Rowohlt, Reinbek bei Hamburg

Schwarz G (2010) Konfliktmanagement. Konflikte erkennen, analysieren, lösen. Gabler, Wiesbaden

Simmel G (1908) Der Raum und die räumlichen Ordnungen der Gesellschaft. In: Rammstedt O (Hrsg) (1992), Soziologie. Untersuchungen über die Formen der Vergesellschaftung. Suhrkamp, Frankfurt a. M.

Thimm C, Bürger T (2013) Digitale Partizipation im politischen Konflikt – „Wutbürger" online. In: Friedrichsen M, Kohn RA (Hrsg) Digitale Politikvermittlung. Chancen und Risiken interaktiver Medien. Springer, Wiesbaden

Troja M (2011) Mediation als institutioneller Wandel in der Demokratie. In: Mehta G, Rückert K (Hrsg) Mediation und Demokratie. Neue Wege des Konfliktmanagements in größeren Organisationen. Carl Auer, Heidelberg

Ueberhorst R (1995) Warum brauchen wir neue Politikformen? In: Akademie, der Politischen Bildung, Friedrich-Ebert-Stiftung (Hrsg) 10. Streitforum: Reform des Staates – Neue Formen kooperativer Politik. Akademie der Politischen Bildung/Friedrich-Ebert-Stiftung, Bonn

Wandrey M (2004) Treffen sich zwei Mediatoren … – Fallverstehen in der Mediation. In: Mehta G, Rückert K (Hrsg) Streiten Kulturen? Konzepte und Methoden einer kultursensitiven Mediation. Springer, Wien

Watzke E (2008) Wahrscheinlich hat diese Geschichte gar nichts mit Ihnen zu tun …. Godesberg, Mönchengladbach

Watzke E (2011) Äquilibristischer Tanz zwischen den Welten. Forum, Mönchengladbach

Weber M (1972) Gesammelte Aufsätze zur Religionssoziologie, Bd. 1. Mohr Siebeck, Tübingen

Weeks D (1992) The eight essential steps to conflict resolution: preserving relationships at work, at home, and in the community. J. P. Tarcher, Los Angeles

Weichert S (2013) Symbole und Öffentlichkeit im digitalen Zeitalter. In: Friedrichsen M, Kohn RA (Hrsg) Digitale Politikvermittlung. Chancen und Risiken interaktiver Medien. Springer, Wiesbaden

Westen D (2012) Das politische Gehirn. Suhrkamp, Wien

Weymann A (1998) Sozialer Wandel. Theorien zur Dynamik der modernen Gesellschaft. Juventa, Weinheim

Wilber K (1997) Eine kurze Geschichte des Kosmos. Fischer, Frankfurt a. M.

Springer Spektrum

springer-spektrum.de

Familienkonflikte:
Schlachtfeld oder Chance?

Hans-Jürgen Gaugl

Der Tiger und die Schwiegermutter
2013, X, 198 S. 10 Abb. Brosch.
ISBN 978-3-642-38993-1
€ (D) 14,99 | € (A) 15,41 | *sFr 19,00

Der Autor lädt Sie mit diesem Buch ein, zahlreiche beispielhafte Schilderungen aus der Begegnung von Schwiegermüttern mit Schwiegerkindern zunächst zu beschmunzeln und anschließend aus Sicht des Konfliktmanagements auf Lösungsmöglichkeiten hin zu untersuchen. Sie erfahren dabei, wie die Energie, die von beiden Seiten in das Schlachtfeld investiert wird, genauso gut zu einem wertschätzenden und für alle Beteiligten sinnstiftenden Miteinander und damit als Chance für das eigene Lebensglück eingesetzt werden kann.

€ (D) sind gebundene Ladenpreise in Deutschland und enthalten 7% MwSt. € (A) sind gebundene Ladenpreise in Österreich und enthalten 10% MwSt. Die mit * gekennzeichneten Preise sind unverbindliche Preisempfehlungen und enthalten die landesübliche MwSt. Preisänderungen und Irrtümer vorbehalten.

Mehr Infos unter springer-spektrum.de